Horst-Dieter Radke

BURGENSAGEN

Horst-Dieter Radke

BURGENSAGEN

REGIONALIA

1. Auflage 2019
Horst-Dieter Radke: Burgensagen
Regionalia Verlag, ein Imprint der Kraterleuchten GmbH, Lindenstraße 14, 54550 Daun
Alle Rechte vorbehalten

Layout und Satz: Handverlesen – Alexandra Ihmig, Königswinter

Einbandgestaltung: Björn Pollmeyer

Printed in der Europäischen Union, Finidr, CZ

ISBN 978-3-95540-310-2

www.regionalia-verlag.de

INHALT

Nürnberg, Blick auf die Burg.
L. Schnell nach Ludwig
Lange, um 1830.

Ritter aus dem Codex Manesse.

VORWORT

Burgen und Schlösser findet man überall in Deutschland, oft allerdings nur noch als Ruinen. Sie stehen nicht selten unübersehbar an überhöhten Punkten in der Landschaft. Manchmal muss man sich aber durch Wald und Gelände zu ihnen durchkämpfen, bevor man sie zu Gesicht bekommt. Ursprünglich hatten Burgen eine Schutzfunktion. In frühester Zeit waren es aufgeschüttete Wälle, auf die später Palisaden und Mauern gesetzt wurden. Erst im Mittelalter bildeten sich die gemauerten Burganlagen heraus, die immer mächtiger gebaut, an unzugänglichen Stellen errichtet oder mit einem sie künstlich umgebenden Wassergraben versehen wurden. Im Lauf der Zeit kamen repräsentative Aspekte hinzu. Aus den Burgen wurden Schlossburgen, dann Schlösser. Zuletzt gestaltete man diese immer prächtiger, die Schutzfunktion geriet ganz in den Hintergrund oder wurde nicht mehr beachtet.

Um diese Burgen und Schlösser ranken sich Sagen und Legenden. Je älter das Bauwerk ist, um so mysteriöser und unwahrscheinlicher erscheinen uns heute diese Erzählungen. Und doch haben Sagen einen – wenn auch oft versteckten oder verschlüsselten – Hintergrund, der manchmal banal ist, nicht selten aber auch historische Ereignisse abbildet. In diesem Buch habe ich Sagen, die mit Burgen und Schlössern zu tun haben, zusammengetragen. Es gibt Tausende von Burgen und Schlössern und abertausend Sagen und Erzählungen dazu. Eine Auswahl zu treffen, war nicht leicht. Ich habe mich bemüht, keine Region auszulassen und Wiederholungen der Themen zu minimieren. Wie in meinen bisherigen Sagensammlungen (*Sagen und Legenden aus Franken; Sagen und Legenden des Mittelalters*) habe ich die Texte überarbeitet und der heutigen Sprache angepasst, dabei jedoch versucht, den Duktus der alten Sprache zu erhalten. In einigen Fällen habe ich die Sagen aber neu erzählt. Außerdem habe ich mich bemüht, den Hintergrund einer jeden ein wenig zu erhellen, soweit mir das möglich war. Im Fokus stand für mich das Lesevergnügen, das Ihnen diese Sagen bereiten sollen, und die Hoffnung, dass Sie es nicht beim Lesen belassen, sondern auch hinausgehen, sich die Burgen und Schlösser ihrer Umgebung anschauen und als Teil unserer »lebenden Geschichte« verstehen werden.

Gemeinhin denkt man, dass ein Buch dadurch entsteht, dass der Autor am Schreibtisch, heutzutage auch vor dem Computer, sitzt und Buchstaben für

Buchstaben, Wort für Wort, Satz für Satz zusammenfügt. Das ist im Prinzip auch richtig, es wäre aber falsch zu glauben, dass solche Bücher ohne Beteiligung anderer Menschen entstehen könnten. Da sind vor allem die Sammler zu nennen, die überwiegend im 19. Jahrhundert die Sagen aus mündlichen Überlieferungen und schriftlichen Quellen zusammengetragen haben. Die Brüder Grimm und Ludwig Bechstein sind die bekanntesten unter ihnen, aber längst nicht die einzigen. Im Quellenverzeichnis finden Sie alles aufgelistet, was mir bei der Suche nach Sagen an Quellen zur Verfügung stand. Vieles ist heute bereits digitalisiert und man muss sich für das Konsultieren dieser Schriften nicht mehr aus dem Haus begeben. Anderes kann man nur in Bibliotheken einsehen, muss also den Schreibtisch dafür durchaus verlassen. Wichtig sind mir auch Begegnungen mit anderen Menschen, etwa bei meinen Ausflügen und Wanderungen zu Burgen und Schlössern. Auch wenn mündliche Überlieferungen auf diese Weise heutzutage kaum mehr zu bekommen sind, so finde ich es immer wieder anregend, mit anderen Menschen darüber zu reden, und ich bedanke mich bei all denen, die sich mit mir an solchen Örtlichkeiten auf Gespräche eingelassen haben. Besonders danke ich aber drei Kolleginnen, die zwar nicht direkt an der Entstehung dieses Buches beteiligt waren, indirekt aber nicht unwesentlich dazu beigetragen haben. Da ist einmal Ulrike Renk vom Niederrhein, die mir immer Ansporn gibt, wenn es mir an Lust und Fleiß mangelt. Sie bewältigt ein unglaubliches Arbeitspensum und schafft es trotzdem immer noch, für Freunde zu kochen und mit dem Hund spazieren zu gehen. Der Gedanke an sie hat mich schon manches Mal an die Arbeit gehen lassen, wenn ich lieber auf der faulen Haut gelegen hätte. Weiter im Süden, im schönen Schwabenland, lebt Joan Weng, der es gelingt, mich immer wieder aufzumuntern, selbst wenn Kopf und Gemüt bis auf die Zehen hängen. Und dann ist da noch meine Kollegin Monika Detering im fernen Westfalen zu nennen, die nicht nur selbst eine fleißige Sagensammlerin ist (*Sagen und Legenden aus Westfalen; Sagen und Legenden aus dem Ruhrgebiet*), sondern auch immer bereit, sich kritisch anzusehen, was ich geschrieben habe oder zu schreiben gedenke.

Ich hoffe, Sie finden Vergnügen bei der Lektüre und bekommen dabei Lust, hinauszugehen und wieder einmal eine Burg oder ein Schloss zu besichtigen. Oder mehrere.

Horst-Dieter Radke

NORDDEUTSCHLAND

Die Stellerborg

Der Graf hatte die Burg mit seinen Leuten an jenem Pfingstmorgen vor mehr als tausend Jahren verlassen – warum, weiß man nicht mehr genau. Der Wächter stand aber auf dem Posten und gab Acht. Plötzlich sah er von allen Seiten etwas Grünes auf die Burg zukommen, das er sich nicht erklären konnte, und so rief er laut: »De Woold, de kummt! De Woold, de kummt!« Es war aber nicht der Wald, sondern es waren die Dithmarscher, die sich mit Zweigen und Blättern maskiert hatten. So fielen sie über die Burg her und töteten nach hartem Kampf alle, die sich noch darin befanden. Der Graf, der davon Kunde erhielt, versteckte sich, doch spürte man ihn und sein ganzes Gefolge auf und erschlug sie ebenfalls. Die Gräfin, die Dortchen geheißen haben soll, warf man in den Brunnen, in dem sie ertrank. Dieser Brunnen wurde noch lange mit dem Namen Doortjensood bezeichnet. Auf diese Weise, so erzählt man sich, haben die Dithmarscher ihre alte Freiheit wiedererlangt.

※ ※ ※

Die Stellerburg (auf Plattdeutsch Stellerborg) ist in Weddingstedt im Kreis Dithmarschen zu finden. Es handelt sich um eine alte Ringwallanlage, deren Entstehung man auf das Ende des 8. Jahrhunderts datiert. Solche Ringwälle bestanden aus aufgeschichtetem Erdreich, auf dem Holzpalisaden, aber auch Mauern errichtet wurden. In den 1930er-Jahren fanden umfangreiche Ausgrabungen statt, die auch noch einiges an Bauhölzern zutage förderten. Die Feuchtigkeit in diesem Gebiet – östlich davon gab es Moore und westlich oft überflutetes Marschland – hat dafür gesorgt, dass das Holz erhalten blieb. Die Wallburg diente den Sachsen zur Verteidigung gegen die Angriffe der Wikinger. Die Dithmarscher berufen sich gerne darauf, dass sie früher eine freie Bauernrepublik waren, was auch in der Sage zum Ausdruck gebracht wird. Das stimmt jedoch nur bedingt, denn sie waren nie lehensunabhängig. Allerdings übten die Lehnsherren – unter anderem der Bremer Erzbischof – die Lehenshoheit nicht streng aus. Deshalb bildete sich dort auch keine adlige Gutsherr-

schaft heraus. Wie es solch einem Gutsherrn in Dithmarschen erging, davon erzählt die nächste Sage.

Röwerlöwe

Nachdem Kaiser Karl der Große das fränkische Reich bis nach Dithmarschen ausgedehnt hatte, setzte er einen tapferen Mann aus Windbergen als Vogt ein, um die Dithmarscher im Zaume zu halten. Doch die mochten das nicht, empörten sich gegen diesen Vogt, der ob seiner Tapferkeit Röwerlöwe genannt wurde, und nahmen ihn gefangen. Zuletzt töteten sie ihn. Seine Angehörigen duldete man noch, doch da sie den Zorn der Dithmarscher spürten, zogen sie fort und verbreiteten sich über Holstein, Schleswig und Dänemark hinweg. Es sollen die Ahnen der Familie von Reventlow gewesen sein, wie ein Graf Reventlow einmal dem ehemaligen Landvogt von Eggers in Meldorf erzählte.

⚜ ⚜ ⚜

Die Familie Reventlow gehört zum holsteinischen und mecklenburgischen Uradel. Erste urkundliche Erwähnung gab es im frühen 13. Jahrhundert. Godescalcus de Revetlo war Vasall des Grafen Albrecht von Orlamünde und Holstein. 1258 tauchte ein Thitlevus de Revetlow in Mecklenburg im Gefolge des Fürsten Johann I. auf. Die Verwandtschaft mit dem dithmarschen Geschlecht der Vogdemannen, das in Geest zu Windbergen ansässig war, wird daraus abgeleitet, dass dieses das gleiche Wappen führt. Die Vögte stellte jedoch nicht Karl der Große direkt, sondern der Erzbischof von Bremen.

Graf Rudolf auf der Bökelnborg

Nicht nur gegen die Sachsen und Wikinger, sondern auch gegen die Franken hatten sich die Dithmarscher zur Wehr zu setzen. Davon zeugt die Bökelnburg in der dithmarscher Gemeinde Burg, am Rande der Geest zur Wilstermarsch. Graf Rudolf II. von Stade soll auf der Bökelnburg im 12. Jahrhundert mit harter Hand regiert haben. Die Bauern mussten zum Zeichen ihrer Unterwerfung wie das Vieh ein Joch am Hals tragen. Angestiftet dazu wurde der Graf von seiner Frau Walburga. Er forderte sogar in den Dürrejahren noch den Kornzehnten nach ungewöhnlich hoher Schätzung ein. Da die Zeiten schlecht waren, der Winter so hart, dass selbst die Vögel in der Luft erfroren und herunterfielen, auf Teuerung die Hungersnot folgte, an der zahlreiche Menschen und viel Vieh starben, baten die Bauern den Grafen, er möge ihnen die Abgabe erlassen. Er tat dies angesichts ihrer Not, verlangte aber, dass sie im folgenden Jahr das Doppelte lieferten.

Im Jahr darauf lud der Graf einmal einen reichen Bauern ein und bewirtete ihn stattlich. Daraufhin erwiderte der Bauer die Einladung und stellte ebenfalls ein prächtiges Gastmahl zusammen. Er ließ, wie bei großen Hochzeiten üblich, Säcke von Korn aufstellen und Bretter darüberlegen, auf denen die Gäste saßen. Dann wurden die Schweine, die Schafe und alles Vieh nacheinander an den Gästen vorbeigetrieben. Als die Gräfin dies sah, stachelte sie ihren Mann an, nun endlich die Pacht von den Bauern einzufordern. Dies tat er auch mit aller Härte.

Als die Bauern, von denen wenige so reich waren wie der vom Grafen geladene, sahen, dass es kein Entrinnen mehr gab, schmiedeten sie einen Plan. Sie fuhren auf Wagen das geforderte Korn zur Burg, vorneweg ein Bauer mit seiner Tochter, um die der Graf gebuhlt hatte. Einige Bauern aber ließen sich auf den Wagen in Kornsäcken verstecken. Als der erste Wagen abgeladen werden sollte, rief der Bauer den Schlachtruf »Röhret de Hann, snidet de Sacksbann!« (»Rühret die Hände, schneidet die Sackbände«). Nun kamen alle aus den Säcken, besetzten das Tor, damit es nicht geschlossen werden konnte, steckten die Burg in Brand und töteten alle dort Wohnenden. Der Gräfin Walburga schnitten sie ihre Brüste, die Ohren und die Nase ab und ertränkten sie anschließend. Der Graf konnte zunächst nicht gefunden werden, doch entdeckte man ihn ein paar Tage später durch seine zahme Elster, als diese in den verborgenen Gang flog, in dem er sich versteckt hatte. Man zog ihn hervor und erstach ihn, zerstörte die Burg vollständig und ließ nur den Ringwall stehen.

Die Legende berichtet, dass die Burger Petrikirche zur Sühne für die schreckliche Mordtat erbaut wurde. Andere erzählen, dass es der Gräfin gelungen sei, rechtzeitig zu entkommen.

Der Ringwall, der bis heute den Namen Bökelnburg (niederdeutsch für »Buchenberg«) trägt und von dem die Stadt Burg ihren Namen ableitet, stammt aus dem 9. Jahrhundert. Die Sage selbst lässt sich nicht nachweisen. Erst 300 Jahre später wird der Tod des Grafen im Chronicon Holtzatiae des Chronisten Presbyter Bremensis erwähnt und dort auf den 14. März 1144 datiert. Auch hieß Rudolfs Gemahlin nicht Walburga, sondern Elisabeth von der Steiermark. Nach dem Tod ihres ersten Mannes heiratete sie Herzog Heinrich V. von Kärnten. Gleichwohl ist die Sage beliebt und wird alle fünf Jahre anlässlich des Holzmarktfestes in niederdeutscher Sprache aufgeführt.

Der Freischütz aus Glücksburg

Der letzte Herzog zu Glücksburg hatte einen Jäger, der so gar nicht treffsicher war. Er hatte nicht ein einziges Stück Wild geschossen, seit er in den Diensten des Herzogs stand. Also entließ dieser ihn, denn solch einen Jäger konnte er nicht brauchen. Traurig ging der Waidmann davon. Er selbst konnte nicht begreifen, wie er mit einem Mal solch ein schlechter Schütze geworden war. Auf dem Weg durch den Wald bei Timmerup begegnete ihm ein altes Mütterchen, das wohl bemerkte, in welcher Stimmung er war.

»Was fehlt dir, junger Mann?«, fragte es teilnahmsvoll.

»Mir fehlt einfach das Glück«, antwortete der unglückliche Jäger. »Seit Jahr und Tag hat kein Schuss mehr getroffen und deshalb hat mich der Herzog soeben aus seinen Diensten entlassen.«

»Dem ist leicht abzuhelfen«, sagte die alte Frau. »Wenn du zum Abendmahl gehst, nimm nur die Oblate hinter dem Altar wieder aus dem Mund und hänge sie, wenn du nach Hause gehst, in einen Baum. Dann schieße darauf. Von da an wirst du sicherer treffen als jemals zuvor.«

Der Jäger, ohnehin verzweifelt, tat, wie sie ihm geraten hatte. Daraufhin ging er wieder zum Herzog und sagte, dass er sich im Schießen geübt habe und jetzt immer träfe, und bat, wieder in den Dienst genommen zu werden.

»Nun gut«, erwiderte der Herzog. »Wir wollen dich einmal testen. Nimm deine Flinte und komm mit.«

Als sie über eine Brücke gingen, flogen drei wilde Enten über sie hinweg. Der Herzog sah sie und deutete darauf.

»Schieß eine von den dreien!«

»Welche?«, fragte der Jäger.

»Den Enterich«, antwortete der Herzog. Der Jäger legte an, schoss und der Enterich stürzte direkt zu ihren Füßen. Dem Herzog aber war das unheimlich. Der Böse musste mit im Spiele sein, dachte er sich und sagte daher zum Jäger: »Ich kann dich nicht gebrauchen, du schießt besser als ich.«

So musste der Jäger wieder gehen. Kurz darauf fand man seinen Hut unter der Brücke und seinen Leib geviertteilt hundert Schritte entfernt unter den Erlen, die nicht weit vom Wege stehen.

⚜ ⚜ ⚜

Das Freischützmotiv ist bekannt und weit verbreitet. Eine Kugel, unter gewissen Bedingungen um Mitternacht gegossen, sowie das Zielen oder Schießen auf eine Hostie soll zu absoluter Treffsicherheit führen, allerdings für den Schützen so manch Schlimmes nach sich ziehen. Die Sage, die sich um das Schloss Glücksburg und den zugehörigen Wald rankt, ist eine der bekannteren Varianten dieses Motivs. Sonst ist das Schloss aber weniger unheimlich (siehe Bildtafel XIII). Es zählt zu den schönsten und bedeutendsten Renaissanceschlössern nicht nur Schleswig-Holsteins. Im 19. Jahrhundert erhielt Schloss Glücksburg den Ruf, die Wiege Europas zu sein, weil das namensgleiche Herrscherhaus seither mit fast allen größeren europäischen Dynastien verwandt ist.

Schloss Ahrensburg

Vor der Zeit, in der das Schloss Ahrensburg erbaut wurde, hatte nicht weit entfernt davon die Burg Arnesvelde gelegen, die zum Schutz vor den Wenden errichtet worden war. Dort wohnte Graf Ranzau, der sich aber, als einmal die Wenden die Burg arg bedrängten, heimlich davonmachte und seine Leute im Stich ließ. Diese unterhandelten jedoch mit dem Feind und übergaben die Burg gegen freien Abzug. Nur ein kleiner Küchenjunge erhielt auf seine dringenden Bitten hin die Erlaubnis, so viel mitzunehmen, wie er tragen könne. Da nahm er den Sohn des Grafen, dessen Spielkamerad er war, setzte ihn auf seine Schultern und trug ihn fort.

Ein späterer Nachfahr des Grafen, Peter Ranzau, riss die Burg, die schon arg zerfallen war, ab und baute in der Nähe das Schloss Ahrensfelde. Ein Cousin des Grafen, Heinrich Rantzau, schilderte die Umwandlung der Burg in das Schloss folgendermaßen:

Seht mich Burg, die künftig im Munde der Zeit soll leben,
Arnsburg werd ich mit wohl passendem Namen benannt,
einsam lag und in Trümmer verging mein modernd Gesteine.
Nunmehr steh ich erneut schöner an schönerem Ort.

Von einer Margret Ranzau, die Herrin auf Schloss Ahrensburg gewesen sein soll, erzählt man sich, dass sie schlimme Sachen getan, Dienstleute gequält und diese sogar in einem Ofen verbrannt habe. Ihr Sarg wurde später mit sieben Schlössern gesichert, damit sie keine Möglichkeit mehr haben sollte, aus ihm herauszukommen.

⚜ ⚜ ⚜

Schloss Ahrensburg im südlichen Schleswig-Holstein, nördlich von Hamburg, gelegen, war anfänglich sicher nur ein größeres Gutshaus. Der Herrensitz, zunächst im Renaissancestil aufwendig ausgebaut, wurde nach der Übernahme durch den Kaufmann Heinrich Carl von Schimmelmann zu einem spätbarocken Landschlösschen umgebaut. Es diente der Familie, die in Kopenhagen ansässig war, erst nur als Sommersitz. Später wurde der Kaufmann zum Freiherrn und schließlich zum Grafen erhoben, die Kinder konnten in holsteinisch-dänischen Landadel verheiratet werden. Das nun in »Schloss Ahrenstein« umbenannte Anwesen entwickelte sich so zu einem gesellschaftlichen Zentrum, das auch vom dänischen König Christian VII. besucht wurde. Heinrich Rantzau (1526–1598) war von 1556 bis 1598 Statthalter des dänischen Königs, gilt als bedeutender Humanist und war außerdem als Ökonom, Geograf, Autor und Korrespondent mit einflussreichen Zeitgenossen aktiv. Kaiser Karl V. von Siemonsen soll von ihm gesagt haben: »Eher weicht die Sonne von ihrer Bahn als Rantzau vom Pfade des Rechts.« Von der Burg Arnesvelde sind heute nur noch die Erdwälle, die allerdings eine 2,5 Hektar große Anlage umfassen, zu sehen.

Das Petermännchen zu Schwerin

In alter Zeit hat sich auf dem Schloss zu Schwerin oft ein kleines Männchen sehen lassen, das »Petermännchen« genannt wurde. Hans Christof Danward, fürstlicher Sahl-Knecht, berichtete Bruder Heymann aus Bützow im November 1747 die Begebenheiten um das seit Jahrhunderten im Schweriner Schloss umgehende Petermännle.

»Ist es denn gewiss«, fragte Bruder Heymann, »dass es sich tatsächlich um eine Erscheinung handelt?«

»Der seelige Daniel Gardemin, Kammer-Lakai des Hochseeligen Herzogs Friedrich Wilhelm, habe dies selbst an seine Frau, die jetzige Witwe Casstellanin Gardeminen, erzählt.«

»Und von dieser habt Ihr das erfahren? Oder es auch selbst gesehen?«

Hans Christof nickte. Welche Frage er damit beantworten wollte, blieb unklar, doch bevor Bruder Heymann erneut nachfragen konnte, erzählte er weiter.

»Es ist von sehr kleiner Gestalt, im Gesicht ältlich und voller Runzeln. Dabei sieht es aber nicht besonders fürchterlich aus. Er trägt einen langen, weißen Bart, der ihm spitz auf die Brust herabhängt. Die Haare sind kurz und kraus, man bekommt sie aber selten zu sehen, denn gewöhnlich trägt es einen Hut mit großer Krempe. Um den Hals hat es einen Kragen und steckt in einem schwarzen Rock mit engen Ärmeln, der ihm bis auf die Füße, die in breiten Schuhen stecken, herabhängt.«

»Ein wunderlicher Kerl. Ich glaube, ich müsste lachen, wenn ich ihn sähe.«

»Das würde Euch aber vermutlich nicht gut bekommen.«

»Versteht es denn keinen Spaß?«

»Einmal ist der Gardemin mit dem Wein aus dem Keller gekommen und da ist das Petermännchen immer knapp vor ihm hergegangen. Und da ihm der Hut im Wege gewesen oder sonst etwas nicht richtig erschienen ist, hat der Kastellan unüberlegt gesagt: ›Du Kröte, geh mir aus dem Weg oder ich schlage dir die Flasche auf den Kopf.‹ Ehe er sich versah, bekam er solch eine Ohrfeige als Antwort, dass er eine halbe Stunde ohnmächtig dalag, bis er wieder zur Besinnung kam, und das auch nur, weil andere ihn fanden und sein Gesicht mit Essig bestrichen. Tags drauf sei der Kopf ganz dick geworden. Seither hat er das Männchen mit mehr Respekt und Vorsicht behandelt.«

»Und der Fürst? Hat er es auch gesehen?«

»Er sprach nicht drüber. Wenn der Gardemin fragte ›Ja, gnädiger Herr, sehen Sie nicht, was wir für eine Gesellschaft haben?‹, gebot er ihm zu schweigen.«

Bruder Heymann sagte nichts, schüttelte nur verwundert den Kopf.

»Lachte, schimpfte oder fluchte man auf das Männchen, da gab es des Nachts über der Kammer derjenigen, die es verspottet hatten, ein solches Gepolter und Gerumpel, dass sie kein Auge zutun konnten.«

⚜

Ein anderes Mal wurde berichtet, dass das Petermännchen gewöhnlich in grauen Kleidern ging. Wenn es jedoch Krieg geben sollte, trug es Rot, und wenn jemand sterben sollte, kohlrabenschwarz.

Einmal stand ein Soldat vor dem Schloss auf Posten, als das Petermännchen kam und ihn bat, mit ihm zu ringen. Wenn er dies dreimal getan hätte, dann würde um Mitternacht die alte Burg aus dem See hervorkommen, die jetzige aber samt dem Herzog untergehen. Da rang der Soldat mit ihm und auch am Abend darauf. Als aber die Kameraden beim Ankleiden sahen, dass er am ganzen Leib braun und blau war, und sie ihn deshalb befragten, erzählte er ihnen alles. Das wurde dem Herzog zugetragen und der versetzte den Soldaten umgehend an einen anderen Ort. Darüber ärgerte sich das Petermännchen arg und hockte dem Herzog für eine Weile bei mancher Gelegenheit auf, sodass dieser es ächzend und stöhnend ein Stück Wegs schleppen musste.

Das Petermännchen war aber nicht nur auf Schabernack aus, sondern konnte auch Gutes tun. Eine Magd, die gerade beim Bettenmachen war, fragte es, ob sie ihm nicht auch das Bett machen wolle. »Warum nicht?«, antwortete sie und folgte ihm darauf durch einen langen unterirdischen Gang bis zu seiner Wohnung. Dort machte sie ihm das Bett und wurde mit Gold dafür entlohnt.

⚜

In Schwerin lebte der Hofconditor Rauer, ein redlicher und geachteter Mann, der im Schloss ein eigenes Dienstzimmer hatte. Dort stand ein verschlossener Schrank, in dem seine Dienstkleidung hing und in dem er seine Geräte aufbewahrte. An das Petermännchen glaubte er nicht, hielt es für Aberglauben und machte sich darüber lustig. Eines Tages legte er eine Tuchnadel in den Schrank, die er als Geschenk für seine Frau gekauft hatte. Sie stellte ein Herz dar, über dem zwei Tauben schnäbelten. Deren Augen waren aus kleinen Diamanten gemacht und überall war das Stück reich mit kleinen Perlen besetzt. Der Conditor verschloss den Schrank sorgfältig und ging nach Hause. Als er ihn am folgenden Tag öffnete, um den Dienstanzug herauszunehmen, fand er zu seinem Erstaunen die Tuchnadel in all ihre einzelnen Teile auseinandergenommen. Diamanten und Perlen lagen in kleinen Häufchen daneben und kein Goldschmied war in der Lage, alles wieder wie vorher zusammenzubringen. Da war aus dem Ungläubigen ein Gläubiger, aus dem Saulus ein Paulus, geworden und er vermied es künftig, über das Petermännchen zu spotten.

⸙

Präpositus Schencke berichtete, dass ein herzoglicher Prinz, der gerade in Schwerin weilte, plötzlich krank wurde. Man brachte ihn in das Schloss, wo er sich zu Bett legte. Seine Diener wachten im Vorzimmer vor der einzigen Tür, die in das Krankenzimmer führte. Nachts erwachte der Prinz von einem Poltern und Rumoren im Zimmer. Auch die Dienerschaft hörte das, doch wagte niemand, das Zimmer zu betreten. Am folgenden Tag war dort alles durcheinandergeworfen. Vor dem Bett standen Medizinfläschchen, Tassen und anderes Gerät in einem Kreis zusammen. Was passiert war in der Nacht, darüber hat sich der Prinz nie geäußert. Aber da es ihm besser ging, verließ er das Schloss und hat nie wieder eine Nacht darin schlafen wollen.

Es sei bekannt, erzählte Präpositus Schencke, dass das Petermännchen keine anderen Herren als die rechtmäßigen Herren von Mecklenburg im Schloss zu Schwerin duldet. Auch Wallenstein, der im Dreißigjährigen Krieg dort nächtigte, habe es so geplagt, dass er eiligst nach Güstrow ging.

⸙

Einmal wollte das Petermännchen einen Soldaten prüfen, der Wache in den fürstlichen Gemächern hielt und dabei die ihn umgebenden Herrlichkeiten betrachtete. Es erschien und forderte den Soldaten auf, so viel wie er könne von den Kostbarkeiten in die eigenen Taschen zu stecken. Der Soldat lehnte dies jedoch ab. Daraufhin versprach das Petermännchen, ihm eine schöne Belohnung zu geben, wenn er ihm nach der Wachablösung einen Gefallen täte. Das sagte der Soldat zu.

Als er frei hatte, führte das Männchen ihn durch unterirdische Gänge und Gemächer bis in seine Wohnung. Dort bat es den Soldaten, von einem Schwerte alle Rostflecken abzuputzen. Das gelang dem Soldaten auch gut. Zuletzt war nur noch ein kleiner Fleck übrig. Diesen wollte er auch noch beseitigen, doch da gab es einen Donnerschlag und ihm schwanden die Sinne. Als er wieder zu Bewusstsein kam, fand er sich vor dem Schlosstor wieder. In der Tasche hatte er aber drei Stangen gediegenen Goldes. Davon kaufte er sich, als er ausgedient hatte, ein eigenes Gut. Erst kurz vor seinem Tod berichtete er seiner Familie, wie er zu dem Reichtum gekommen war.

Als jedoch einmal etwas gestohlen wurde und zahlreiche bedeutende Preziosen verschwunden waren, warf man einen alten Diener dafür ins Gefängnis. Doch das Petermännchen kannte den Täter. Es besuchte den unschuldig Gefangenen, brachte ihm schöne Speisen, warme Decken und Trost. Dem wahren Dieb aber setzte es arg zu. Es riss ihm die gestohlenen Sachen Stück für Stück aus den Taschen und streute sie hinter ihm her, sodass jeder sehen konnte, wer der wahre Schuldige war.

Als ein Grenadier einmal während der Wache einschlief, weil er die Nacht zuvor viel getanzt und nicht geschlafen hatte, schüttelte ihn das Petermännchen. Verärgert sagte der Soldat »Du verdammtes Pe...«, beherrschte sich aber noch und sprach nicht weiter. Plötzlich kniff ihm etwas in die Backen und er hörte ein lautes Gelächter. Gleich darauf aber kam die ablösende Patrouille. Da freute sich der Grenadier, dass ihn das Petermännchen zeitig geweckt hatte, und bat ihm im Stillen sein Unrecht ab.

Ein anderes Mal zerrte einer der Schlossbeamten die schöne Tochter des fürstlichen Gartenknechts in ein entlegenes Zimmer. Er schloss sich mit ihr ein und wollte sich an dem unschuldigen Mädchen vergehen. Schon glaubte dieses sich verloren, weil es zu schwach war, sich dem groben Mann zu widersetzen, da flog die Tür auf und der Beamte bekam einen Schlag ins Gesicht, der ihn besinnungslos niederstreckte. Das Petermännchen aber führte das Mädchen unbeschadet nach Hause. In ihrer Tasche fand die Maid später eine Handvoll blanker Goldstücke.

⚜ ⚜ ⚜

Von Ibrahim Ibn Jakub, einem reisenden Kaufmann aus dem damals arabischen Andalusien, wissen wir, dass sich in Ufernähe des Sees eine Burg im Bau befand. Sie wurde kaum zweihundert Jahre später bereits zerstört, von den deutschen Eroberern unter Heinrich dem Löwen jedoch wiederaufgebaut. Zeitgleich erfolgte die Stadtgründung von Schwerin. Im 14. Jahrhundert wurde die Burg dem neuen Schlosstypus

angepasst. Von den damaligen Gebäuden steht heute noch das sogenannte Bischofs-
haus. Im 16. Jahrhundert kam der Fassadenschmuck aus roten Terrakottaplatten
hinzu. Weitere Bautätigkeit über die Jahrhunderte hinweg formten schließlich das
Schloss, wie es heute zu sehen ist (siehe Bildtafel II/III). 1913 zerstörte ein Brand ungefähr ein Drittel des Baus. Die äußere Wiederherstellung war 1918 beendet, andere
Teile renovierte man aber erst im folgenden Jahrzehnt. Inzwischen war das Schloss in
den Besitz des Staates übergangen. Ein Museum, Ausstellungen, ein Rundfunkstudio,
einen Kindergarten, im Krieg auch ein Lazarett, die sowjetische Militäradministra-
tion – all das hat das Schloss seither gesehen. Im Herbst 1990 bezog es der Landtag
Mecklenburg-Vorpommern. Man kann also nicht sagen, dass das Leben aus den alten Gebäuden verschwunden ist. Nicht verwunderlich ist es auch, dass sich über die
Jahrhunderte die Sage um das geheimnisvolle Männchen entwickeln konnte. Anders
als andere regionale Zwerge und Kobolde hat das Petermännchen jedoch mit der
Zeit Profil bekommen, treibt nicht nur Schabernack, sondern mischt sich auch ein,
indem es Gute belohnt und Böse bestraft.

Die geheimnisvolle »Goldmünzwerkstatt«
in der Burg Stargard

Aus einem der Keller der alten Burg Stargard drangen einst merkwürdige Ge-
räusche herauf. Viele konnten es vernehmen, doch keiner wagte es hinun-
terzugehen. Man vermutete allerlei und zuletzt eine Münzwerkstätte. Da sich
nun niemand hinuntertraute, holte man einen zum Tode Verurteilten herbei,
versprach ihm das Leben, ginge er hinunter, käme lebendig wieder herauf und
könne berichten, was dort vor sich ginge. Der Mann hatte nichts zu verlieren
und stieg hinab. Er fand unten drei Männer an einem Tische sitzend, auf dem
lauter Schreibgerätschaften lagen. Von Münzen keine Spur. Die Männer wollten
wissen, was ihn hergebracht habe. Als er es ihnen erzählt hatte, schüttelten sie
den Kopf und hießen ihn, wieder hinaufzugehen. Er bat aber um ein Zeichen, damit er beweisen könne, dort unten gewesen zu sein. Da machten sie ihm drei
Kreuze auf die Hand und sagten, er sei jetzt gezeichnet genug. Als er wieder oben
angelangt war und diese Zeichen vorweisen sowie von den Männern erzählen

konnte, begnadigte man ihn, wie versprochen, obwohl er keinerlei Münzen mitgebracht hatte.

ℬℬ ℬℬ ℬℬ

Die Burg Stargard ist eine Höhenburg oberhalb der gleichnamigen Stadt. Sie wurde
im 13. Jahrhundert erbaut. Im Dreißigjährigen Krieg, in dem sie zeitweise als Haupt-
quartier für den General Tilly diente, erlitt sie starke Beschädigungen. Der Bergfried
wurde 1646 von einem Blitz getroffen und brannte aus. Die Restburg diente noch
lange als Sitz von Amtmännern und Drosten. Heute beherbergt sie nach umfangrei-
cher Restaurierung ein Burgmuseum. Außerdem finden in der Burg kulturelle Veran-
staltungen statt. In der Zeit, in der diese Geschichte erzählt wurde, fürchteten sich
die Menschen noch vor solch unheimlichen, geisterhaften Gestalten und würden
auch nach dem Bericht des wieder Heraufgekommenen nicht freiwillig hinunterge-
gangen sein. Wenn es denn so passiert wäre. Es ist ja kein Tatsachenbericht. »Man
erzählte sich das«, ob's wahr gewesen ist?

Die Gänseburg

Das Geschlecht derer Gans von und zu Putlitz war früher in der Altmark ansässig. Wie dieser Name – Gans von und zu – entstanden ist, erzählt folgende Geschichte. Einst lebte ein junger Graf mit Namen Gerhard von Mannsfeld.
Er kämpfte mit in der mörderischen Schlacht am Welpholz im Jahr 1114 und war
einer der wenigen von der großen Schar tapferer Ritter, die ihr Leben behielten,
geriet dafür aber in die Gefangenschaft des Kaisers Lothar. In seinem Unmute
rief er deshalb aus: »Hier stehe ich wie eine verflogene Gans!«. Auf diese Begebenheit ging sein Name zurück und er nutzte ihn stolz zudem für die Burg Pod-
lysts oder Potlitz in der Priegnitz, die ihm der Kaiser schenkte. Eine fliegende
Gans gehört seither auch zum Wappen des Geschlechts.

Eine andere Sage erzählt, dass Kaiser Otto IV., als er Jerusalem besuchte, vom
Sultan eine Reliquie von dem Blut, das der Erlöser am Kreuz vergossen hatte, geschenkt bekam. Er verwahrte diese an einem geheimen Ort, von dem nur wenige
wussten. Als er im Jahr 1218 starb, gab ein Edler diese Reliquie an Johann Gans den
Älteren. Dieser brachte das kostbare Geschenk in die Mark Brandenburg nach

Putlitz und bewahrte es dort eine Zeitlang auf. Um jedoch für die künftige Aufbewahrung und Verehrung in einer geziemenden Weise zu sorgen, ließ er im Jahr 1230 das Jungfrauen-Kloster zu Stepnitz errichten und übergab das Kleinod den jungfräulichen Händen der frommen Nonnen. Die Glaubhaftigkeit dieser Sage wurde durch eine öffentliche, mit dem Zeugnis des Bischofs von Havelberg, der Edlen Herren Gans und anderer im Jahr 1256 ausgestellten Urkunde bestätigt.

Später rettete ein Kaspar Gans zu Putlitz den Kurfürsten aus einer bedrohlichen Lage, die im Jahr 1420 bei einer Aktion gegen die Pommern entstanden war. Darüber entstand eine zeitgenössische Ballade, die Fontane zu einer Nachdichtung inspirierte. Hier ein Auszug daraus:

Aber draußen hinter Wall und Graben,
Die Märkischen sich schon gesammelt haben,
Vierhundert Reiter und Knechte;
Die Gans von Putlitz führet sie,
Zischend, auf daß sie fechte.

Die Gans, der wollt' es nicht behagen,
Sie streckte zornig ihren Kragen,
Über die Pommern alle;
Da schwebte der märkische Adler hoch
Und die Greifen kamen zu Falle.

Die Gans aber wuchs in Grimme noch,
Sie schlug mit den Flügeln ein Brescheloch
Und da stand sie nun zwischen den Steinen,
Und als sie bis zum Markte kam,
waren sie zehn gegen einen.

Da gingen die Schwerter die Klinker da Klang,
Herr Detleff Schwerin mit dem Putlitz rang
Und wollte den Preis erwerben;
Da mußte Herr Detleff von Schwerin
Für seinen Erbherren sterben.

☙ ☙ ☙

Die Burg in Putlitz ist nur noch eine Ruine. Die Familie Gans Edle Herren zu Putlitz besteht aber heute noch. Einen historischen Roman um Kaspar Gans zu Putlitz (Der beiden Quitzows letzte Fahrten) schrieb übrigens der junge Karl May, nachdem er eine erste Redakteursstelle in Dresden angetreten hatte. In Putlitz verortet ist heute der skurrilste Literaturpreis Deutschlands, der Putlitzer Preis®. Die Schirmherrschaft dafür hat ein Nachfahre der alten Familie übernommen: Gebhard Gans Edler zu Putlitz. Und das Logo stellt – wie könnte es anders sein? – eine Gans dar.

Burg Eisenhardt und die Belziger Postsäule

Sehnsuchtsvoll schaute der junge Handwerksgeselle hinauf zum Turm der Burg Eisenhardt. Dort, so vermutete er, schlief seine Angebetete, die Tochter des Burggrafen. Jedes Mal, wenn sie mit ihrem Vater in die Stadt kam, konnte er kein Auge von ihr lassen, versäumte seine Arbeit und wurde vom Meister gescholten. Oft und oft hatte er am Turm gestanden, aber niemals die Burgjungfrau gesehen. Doch heute war etwas anders. Stand nicht das Fenster ein wenig offen? Ohne sich lange zu besinnen, begann der Geselle, am Turm hochzuklettern. Ritze für Ritze nutzte er, um mit den Fingern hineinzugreifen und den Schuhspitzen Halt zu suchen. Der Gefahr abzustürzen achtete er nicht. Endlich war er am Turmfenster angelangt und, richtig, es stand offen. Er überlegte nicht, sondern stieg hinein. Mit klopfendem Herzen stand er in der Turmstube vor dem Bett der Angebeteten. Überwältigt von ihrer Schönheit, kaum in der Lage zu atmen, beugte er sich hinunter und drückte einen leichten Kuss auf ihre Lippen. Von diesem Kuss aber erwachte das Mädchen, öffnete die Augen und schrie vor Schreck über diesen Eindringling, von dem sie Böses erwartete. Doch der Jüngling fiel vor ihr auf die Knie.

»Fürchtet Euch nicht«, rief er. »Ich tue Euch nichts. Aber ich habe es nicht mehr ausgehalten, nachdem ich so lange schon in Liebe zu Euch entbrannt bin. Ich musste Euch einfach sehen. Aber ich gehe gleich wieder. Erschrecken wollte ich Euch nicht.«

»Nein, bleibt«, sagte die Grafentochter, die gar nicht mehr angstvoll war. Doch bevor die jungen Leute sich noch weiter verständigen konnten, öffnete sich die Tür und der Burggraf, vom Schrei der Tochter geweckt, trat herein. Als er sah, wer sich im Zimmer seiner Tochter befand, färbte sich sein Gesicht rot vor Wut. Er hob das Schwert, das er beim hastigen Verlassen seines Gemachs ergriffen hatte, und wollte sich damit auf den Gesellen stürzen. Dieser warf sich jedoch vor ihm auf den Boden und bat um Gnade und auch die Tochter, von Mitleid bewegt, rief: »Vater, tut es nicht!«

Da ließ der Burggraf das Schwert sinken, ließ den Gesellen aber in das Burgverlies werfen. Bevor er die Tür verschloss, sagte er noch aus einer plötzlichen Eingebung heraus: »Morgen wird der Henker dir den Kopf vom Körper trennen, es sei denn, du kannst mir bis dahin das Geheimnis der Belziger Postsäule mitteilen. Sage mir, woher der silberne Schein auf dem Pflaster an der Postsäule Abend für Abend kommt, und du sollst nicht nur frei sein, sondern auch dein Leben behalten.« Hohnlachend ging er davon, denn er glaubte nicht, dass irgendein Mensch dieses merkwürdige Phänomen, das alle im Ort kannten, zu erklären vermochte.

Auch der Jüngling glaubte dies nicht und so suchte er nach einer Gelegenheit, aus dem Kerker zu entfliehen. Doch der war massiv, kein Stein ließ sich verrücken, kein Loch zeigte sich an irgendeiner Stelle und auch die Tür war fest verrammelt und verriegelt. Endlich schlief er ein, müde und voller Verzweiflung. Doch der Schlaf bescherte ihm einen seltsamen Traum. Als er am Morgen erwachte, rief er, von neuem Mut gestärkt: »Nun kann der Henker kommen.«

Der kam auch bald und führte den Handwerksgesellen auf den Burghof, wo schon der Burgherr mit seiner Tochter wartete. Sie hatte verweinte Augen, wie der Jüngling voller Freude feststellte. Offensichtlich hatte sie sich beim Vater für ihn verwandt. Als der Henker seine Aufgabe in Angriff nehmen wollte, sagte der Geselle: »Noch nicht! Gebt mir einen Spaten und ich will euch das Geheimnis der Postsäule zeigen.« Verwundert gab der Graf entsprechende Anweisung und so schritten sie bald darauf von der Burg hinunter in die Stadt: der Henker voran, ihm folgend der Jüngling und darauf der Graf mit Tochter und Gefolge.

An der Säule angekommen fing der Jüngling sofort auf der von der Burg abgewandten Seite an zu graben. Tiefer und tiefer grub er, bis er schon halb verschwunden war im Erdreich. Gerade schon wollte der Graf mutmaßen, dass der Geselle sich pfiffig ein Loch zum Entkommen schaffen wolle, da stieß der Spaten auf etwas, das anders klang als beim Auftreffen auf die Erde. Kurz darauf hob der Geselle einen Krug empor mit den Worten: »Hier habt Ihr das Geheimnis des abendlichen Lichts.« Nach dem Abnehmen des Deckels sahen alle, dass der

Krug gefüllt war mit silbernen und goldenen Münzen. Nun kroch der Jüngling aus dem Loch, fiel dem Grafen vor die Füße und bat um sein Leben.

»Ich habe es versprochen«, sagte der Graf. »Du bekommst dein Leben, deine Freiheit und, wenn sie dich mag, auch meine Tochter.« Diese fiel dem Gesellen sofort um den Hals und es wurde auch gleich geheiratet. Wenig später, nachdem der junge Geselle alles Nötige gelernt hatte, schlug der Burgherr ihn zum Ritter und verließ anschließend die Burg, doch zuvor übergab er noch die Herrschaft an seinen Schwiegersohn.

❀❀❀ ❀❀❀ ❀❀❀

Burg Eisenhardt steht oberhalb von Bad Belzig. Urkundlich erwähnt wurde Belzig bereits 997 als Burgward (das ist ein Gebiet, in dessen Zentrum eine Burg steht). Kaiser Otto III. übertrug darin einen alten Burgwall dem Erzstift Magdeburg. Um 1200 wird erstmalig ein Graf Siegfried von Belzig erwähnt. Dieser ließ eine massive romanische Steinburg errichten. Später wurde diese stark erweitert und auch die Marktsiedlung mit einer Mauer umgeben. Stadtrechte bekam Belzig im Jahr 1358. Ende des 15. Jahrhunderts baute man die Burg zu einer mit Steinbüchsen (das waren Kanonen, die mit Steinkugeln schossen) bestückten Festung aus. Im Dreißigjährigen Krieg durch die Schweden stark zerstört, wurde die Burg erst nach 1680 wiederhergestellt. Weitere Umbauten fanden im 18. Jahrhundert statt.

Der verwunschene Prinz im Schlossturm zu Wiesenburg

Die schöne Tochter des Schlossgärtners wurde des Öfteren von Schlaflosigkeit geplagt. Dann ging sie eine Weile im Park spazieren, bis sie müde wurde und sich endlich zum Schlaf hinlegen konnte. Eines Nachts gegen Mitternacht trat ihr am Schlossweiher ein junger Mann in fremd anmutenden, altmodischen Kleidern entgegen. Sie erschrak und wollte fortlaufen, doch der Mann bat sie innig und eindringlich, sie möge ihn doch umschlungen zur nahen Kirche geleiten, dann sei er erlöst. Wie alle jungen Mädchen war sie für solch eine romantische Bitte empfänglich, sagte zu und ging eng umschlungen mit ihm zur nahen Schlosskirche. Wie sie jedoch gerade durch das Tor treten wollten, kam eine Kutsche auf sie zugerast, mit kohlschwarzen Rossen bespannt. Aus ihren Nüstern spien die wilden Rappen Feuer. Die junge Frau schrie vor Schreck auf und ließ den Prinzen – denn ein solcher war der junge Mann – unvermittelt los. Im selben Augenblick waren die Rosse, die Kutsche, aber auch der Prinz verschwunden, doch sie hörte noch seinen Jammerruf: »Wieder auf tausend Jahre verloren!«

Im Turm der Wiesenburg soll der Prinz auch heute noch schlafend auf seine Erlösung harren. Es bleibt zu hoffen, dass eine weniger schreckhafte Jungfrau ihn endlich erlöst.

❧ ❧ ❧

Schloss Wiesenburg im Naturpark Hoher Flämming geht auf eine mittelalterliche Burg aus dem 12. Jahrhundert zurück. Nach einem Brand, den nur der massive Bergfried überstand, wurde sie im 16. Jahrhundert durch den Neubau des heutigen Schlosses ersetzt. Im 19. Jahrhundert erneuerte man dieses im Stil der Neorenaissance. Heute ist es eine exklusive Wohn- und Büroanlage.

Die weiße Jungfrau auf der Heldenburg

Alle sieben Jahre soll auf der Heldenburg eine weiße Jungfrau erscheinen und zwischen elf Uhr und Mitternacht zu sehen sein. Vorübergehenden winkt sie zu und wer sich auf ihr Locken einlässt, der hat die Chance, große Schätze zu erlangen, wenn er die Aufgabe erfüllt, die die Jungfrau ihm stellt. Wenn er es schafft, gewinnt er nicht nur den Schatz, sondern erlöst damit auch die Jungfrau. Gelingt es ihm aber nicht, geht der Schatz wieder verloren und die Jungfrau muss weiter auf ihre Erlösung warten.

Einen Bauern führte sie in eine verborgene Kammer und sagte ihm, er könne sich so viel von den Schätzen nehmen, wie er zu tragen vermöge. Danach solle er ihr den Kopf abschlagen, was aber bis Mitternacht geschehen sein müsse. Der Bauer zierte sich so lange, bis endlich die Mitternachtsstunde geschlagen wurde. Da verschwand die Jungfrau mit einem Wehklagen und auch der Schatz des Bauern war verschwunden.

Ein Ritter sollte sie zwölfmal um einen Busch herumtragen. Nach der zehnten Runde war er aber so müde, dass er mit der Jungfrau, die ihm zu schwer geworden war, zu Boden sank. Die Jungfrau verschwand und auch der Ritter starb bald darauf.

⚜ ⚜ ⚜

Die Heldenburg bei Salzderhelden wurde 1320 erstmals in Urkunden erwähnt. Sie bestand aber damals bereits und wurde vermutlich in der zweiten Hälfte des 13. Jahrhunderts erbaut. Belegt ist dies durch ein Turnier, das dort im Jahre 1305 stattfand. Im 17. Jahrhundert wurde die Burg nur noch sporadisch genutzt, im 18. Jahrhundert begann sie allmählich zu verfallen. Heute ist sie nur noch eine Ruine, die bereits mehrfach saniert wurde. Der Name hat jedoch nichts mit »Helden« zu tun, sondern stammt vom Wort »Halde« ab. Gemeint ist also die »Burg an der Halde«.

Ritterturnier. Kupferstich von Matthias Zasingen

Das Teufelsohrkissen an der Burg Bentheim

Ein Ritter namens Bento wollte eine Burg haben, besaß aber nicht genügend Geld, um sich eine erbauen zu lassen. Dies merkte wohl der Teufel, trat auf ihn zu und machte ihm einen Vorschlag.

»Höre, Ritter«, sagte er zu ihm, »ich baue dir die Burg. Noch heute Nacht«.

»Was willst du dafür haben?«, fragte der Ritter misstrauisch.

»Die erste Seele, die morgen früh auf der Burg erscheint.«

Bento dachte kurz nach und sagte dann zu. Sofort begann der Teufel mit der Arbeit. Er und seine Gesellen schufteten den ganzen Nachmittag, den Abend und auch noch in der Nacht. Lange nach Mitternacht waren sie fertig. Müde von der Plackerei legte sich der Teufel auf einen Stein hinter der Burg und schlief ein.

Als es hell wurde, schlich sich der Ritter hinaus. Er staunte über die prächtige Burg, die der Teufel über Nacht gebaut hatte. Sofort griff er in seine Tasche, in der er seinen zahmen Raben mitgebracht hatte, und schickte ihn hinüber zur Burg. Der Teufel, der vom Krächzen des Vogels wach wurde, ärgerte sich maßlos, ergriff den Raben und fuhr mit ihm in die Hölle. Weil er aber beim Erwachen zu heftig aufgefahren war, blieb sein Ohr am Felsen hängen und riss ab. Noch heute kann man den Abdruck des Teufelsohrs dort sehen.

❧ ❧ ❧

Burg Bentheim gilt als eine der größten Burganlagen Nordwestdeutschlands. Sie ist heute ein Museum und kann besucht werden. An der Südwestseite steht der Felsen, in dem mit etwas Fantasie das Teufelsohr erkannt werden kann. Er wird Drususfelsen genannt, weil eine Inschrift darauf hinweist, dass der römische Heerführer Drusus an dieser Stelle Recht gesprochen hat. Dass er tatsächlich jemals in der Gegend gewesen war, konnte allerdings bis jetzt nicht nachgewiesen werden.

Der Raubritter von der Bramburg

Nicht weit entfernt von Münden steht die Bramburg an der Weser. Die Herren von Stockhausen waren damit belehnt. Sie dankten dieses Lehen jedoch schlecht, denn sie waren als Raubritter in der ganzen Gegend gefürchtet.

Besonders hatten sie es auf die vorbeifahrenden Schiffe abgesehen. Von Ufer zu Ufer der Weser hatten sie eine Leine gespannt und diese mit Schellen versehen, sodass sie selbst in der Nacht auf der Burg hörten, wenn Schiffe kamen. Sogar eine Prinzessin, die auf einer Wallfahrt nach Corvey war, wurde von ihnen überfallen und ausgeraubt. Als einmal Herzog Erich mit dem Schiff von Münden nach Hameln fuhr, wurde er von der Burg aus mit Bolzen beschossen. Einer traf ihn, prallte jedoch an einem der großen Knöpfe ab, die sein Wams zierten. Da schwor er, dass alle männlichen Bewohner der Burg sterben sollten. Er zog mit seinen Mannen vor die Burg, beschoss und belagerte sie. Die Ritter in der Burg hielten sich tapfer, mussten sich aber zuletzt doch ergeben. Der um Gnade bittenden Burgfrau gewährte der Herzog nicht nur freien Abzug, sondern auch alles mitzunehmen, was sie in ihrer Schürze tragen könne. Als sie an ihm vorüberging, hielt er sie an und schaute, was sie in der Schürze trug. Sie aber hatte ihren kleinen Sohn darin mitgenommen. Das rührte den Herzog so stark, dass er ihr gestattete, am Fuß des Burgberges wieder ein Haus zu bauen. Es dürfe aber nicht von einer Mauer umgeben sein, sondern nur von einem Hagen [einer Hecke]. Als das Haus fertig war, sagte sie: »Dat sal mek en lêwe hägen sin«, was bedeutet: »Das soll mir eine liebe Hecke sein«. Davon hat das Dorf seinen Namen bekommen und heißt heute Löwenhagen.

⚕ ⚕ ⚕

Die Burg ist belegt seit dem 11. Jahrhundert, womöglich aber älter. Anfang des 14. Jahrhunderts wurden die Herren von Stockhausen damit belehnt, die sie jedoch als Raubritternest nutzten. Wilhelm von Thüringen zerstörte die Burg deshalb 1458 teilweise. Sie verblieb aber weiterhin im Besitz derer zu Stockhausen, deren Nachfolger bis heute leben.

Das verrutschte Schloss Wernigerode

Zunächst wohnten die Grafen von Wernigerode etwas entfernt von der Stadt, nämlich in der Harburg auf dem Harberg. Einmal saß die Familie des Grafen bei schönem Wetter vor der Burg und freute sich über die herrliche Landschaft. Doch der Graf seufzte: »Dort hinten auf dem Berg, nahe der Stadt, da sollte unsere Burg stehen. Wir hätten es nicht weit bis in unsere Stadt und Platz genug für Erweiterungen ist auch da.« Die Gattin riet ihm, den Schutzgeist des Hauses um Hilfe anzuflehen. Vielleicht könne er helfen, die Mittel zu beschaffen, die es dem Grafen ermöglichen würden, eine neue Burg zu bauen.

Als die Turmglocke die Mitternachtsstunde schlug, waren alle schon zu Bett gegangen, bis auf den Grafen. Der kniete noch nieder, dankte Gott und empfahl sich und die Seinen dem Schutz des Allmächtigen. Dann wandte er sich an den Schutzgeist des Hauses, brachte seinen Wunsch vor und bat um Erfüllung desselben. Kaum war das Gebet vollendet, hörte er einen wundersamen Klang. Er fasste dies als gutes Zeichen auf und ging froh zu Bett.

Am anderen Morgen staunte er nicht schlecht, als er aus dem Fenster sah. Die Stadt Wernigerode lag direkt vor seinen Füßen. Der Schutzgeist hatte sich in der Nacht gegen die Burg gestemmt und diese zum anderen Berg hinübergeschoben. Dort steht sie noch heute, wenn auch nicht mehr in der alten Gestalt, denn über die Jahre hat man die Burg erweitert, später dann zu einem Schloss ausgebaut.

⚜ ⚜ ⚜

Die Harburg stammt aus der Mitte des 12. Jahrhunderts. Sie wurde vermutlich früh aufgegeben, denn heute ist nur noch der Burgberg zu sehen. Die Burg Wernigerode wird erstmals im Jahre 1213 erwähnt, weshalb davon auszugehen ist, dass beide Burgen eine Zeit lang nebeneinander bestanden. Anders als die Harburg wurde die Burg bei Wernigerode weiterhin genutzt. Im 17. Jahrhundert verfiel sie. Erst Christian Ernst zu Stolberg-Wernigerode, dem Herrschaft und Burg um 1710 zufielen, ließ Letztere aufwendig zu einem Barockschloss umbauen.

Till Eulenspiegel auf Schloss Bernburg

Till Eulenspiegel war Turmwächter auf Schloss Bernburg. Er stand oben auf dem Turm, schaute in die Runde, ob von irgendeiner Seite Feinde nahten, – und langweilte sich. Deshalb blickte er nach unten und sah dort, wie der Graf und seine Ritter ein prächtiges Gastmahl hielten. »Da möchte ich bei sein«, sagte sich Till. »Die schmausen und trinken, lassen sich den Braten und Wein schmecken und ich habe hier nur einen Krug Wasser und ein hartes Stück Brot.« Er sah noch einmal in die Runde und hatte dann eine Idee. Obwohl nichts zu sehen war, blies er kräftig in sein Horn. Alarm, Alarm, Alarm! Der Graf und die Ritter sprangen auf, eilten zu ihren Waffen, holten die Pferde aus dem Stall und galoppierten davon, den angekündigten Feinden zu begegnen. Derweil kam Till vom Turm herunter und machte da weiter, wo die anderen aufgehört hatten. Er hatte aber nicht ewig Zeit. Der Graf bemerkte bald, dass kein Feind in Sicht war. Als er in die Burg zurückkam und Till Eulenspiegel beim Essen und Trinken vorfand, war er verärgert. Till ging seiner Stelle als Turmwächter verlustig und zog weiter ins Magdeburger Land.

⚜ ⚜ ⚜

Till Eulenspiegel ist Held einer mittelniederdeutschen Schwanksammlung, die um 1510 erstmalig publiziert wurde. Die 22. Historie dieses ersten Straßburger Buches erzählt die Bernburger Geschichte. Der Turm – der Bergfried von Schloss Bernburg – wird »Eulenspiegelturm« genannt und gilt als das größte Denkmal des Schalks. Auch in Erfurt und Magdeburg gibt es Denkmäler zu Till Eulenspiegel. Die Burg wurde bereits 961 in einer Schenkungsurkunde von Kaiser Otto I. erwähnt, war aber damals vermutlich nur eine Rund- oder Fliehburg. Das Schloss wurde in der ersten Hälfte des 16. Jahrhunderts von Fürst Wolfgang von Anhalt erbaut.

Die drei Becher von Falkenstein

Hoch oben, auf einem Felsrücken oberhalb des Tales, das die Selke durchfließt, steht die alte Burg Falkenstein. Sie wurde der Sage nach von Burchard von Konradsburg bereits im 11. Jahrhundert erbaut, nachdem sein Vater den Grafen Adalbert II. von Ballenstedt erschlagen hatte und der Stammsitz des Mörders in ein Kloster verwandelt worden war. Ein Jahrhundert später gab der damalige Besitzer der Burg, Hoyer von Falkenstein, dem Ministerialen Eike von Repgow den Auftrag, das erste deutsche Rechtsbuch zu erstellen, das unter dem Namen *Sachsenspiegel* bekannt wurde. Die Burg ging in das Erbe des Domstifts Halberstadt über, dem es im Jahr 1386 vom Adelsgeschlecht Asseburg abgekauft wurde. Gegen Ende des 15. Jahrhunderts lebte auf diesem Schloss der Ritter

Asche von der Asseburg mit seiner Frau Anna aus dem alten, inzwischen längst erloschenen Geschlecht derer von Arnstein. Sie hatten acht Söhne und zwei Töchter, die sie ganz gegen die Sitte der damaligen Zeit selbst erzogen und unterrichteten. Abends saß die Familie oft zusammen und verbrachte vor allem die lange Winterzeit mit dem Erzählen von Märchen und Sagen aus ihrer Vergangenheit und ihrem Vaterland. Eines Abends erzählte der Burgherr, dass ehemals, als noch die Grafen von Falkenstein Besitzer der Burg gewesen waren, kleine Männchen und Frauen vor das Bett der in Kindesnöten liegenden Burgherrin getreten waren und ihr Hilfe zur Linderung ihrer Schmerzen angeboten hatten. Diese habe das Angebot abgelehnt, die kleinen Leute aber mit schimmernden Steinchen beschenkt und sie gebeten, in den Tiefen des Felsens, auf welchem das Schloss erbaut war, ihren Wohnsitz zu behalten. Der Burgherr glaubte unerschütterlich an diese alte Sage, seine Gemahlin aber spottete stets darüber und sagte, dass sie nur daran glauben könne, wenn sie selbst solch ein kleines Wesen zu sehen bekäme.

Einst lag sie in einer Nacht, in der ein grimmiges Unwetter herrschte, der Sturm durch die Schornsteine brauste und der prasselnde Regen an die Fenster schlug, schlaflos an der Seite ihres fest schlummernden Gatten. Da hörte sie auf einmal aus der Ecke des Zimmers unter den Dielen ein sonderbares Geräusch. Sie wurde aufmerksam, richtete sich im Bett auf, um zu sehen, was das sei, und war eben im Begriff, ihren Gemahl zu wecken, als sie an der beobachteten Stelle plötzlich den Boden hell werden sah. Dieser Lichtglanz nahm immer mehr zu und plötzlich erblickte sie überhaupt keinen Boden mehr, sondern nichts als ein blendendes Lichtmeer, aus dem erst ein ungefähr einen Fuß hohes kleines Männchen und dann nach und nach noch weitere traten. Diese bildeten einen Kreis um das Bett. Endlich trat der zuerst Eingetretene vor die Schlafstatt der in stummes Erstaunen versunkenen Rittersfrau und sagte zu ihr: »Anna, komm, hilf meinem kreisenden Weibe, sonst stirbt es!« Alle anderen riefen: »Hilf, hilf!« Der Burgherrin klopfte das Herz vor Angst und sie konnte keinen Laut hervorbringen. Da fragte das Männchen nochmals ängstlich flehend und die Hände ringend: »Anna, willst du kommen?« Und Anna antwortete zitternd: »Ja, ich komme!«

Daraufhin drehten sich die im Kreis stehenden Männlein, die kleinen Hüte schwenkend, fröhlich um und verschwanden in der Öffnung, aus der sie gekommen waren. Nur das erste blieb zurück und sprach: »Folge mir, Anna!« Die Burgherrin erhob sich, warf, ohne ihren Gemahl zu wecken, einen Mantel über und folgte dem Männchen durch die helle Öffnung, die sich für sie so erweiterte, dass sie hindurch konnte. Durch einen langen, gerade verlaufenden, zuweilen durch Stufen unterbrochenen, immer tiefer führenden Gang, der jedoch hell erleuchtet war, gelangten sie in ein großes Zimmer, in dem ringsum die anderen Männchen standen und sich tief bückten, als die Rittersfrau hindurchging. Von dort aus ging es in ein zweites, gleich großes Zimmer, in dem ebenso viele kleine Weiblein, alle weiß gekleidet, in einem Kreis standen und sich gleichfalls vor ihr verneigten. Anschließend gingen sie in ein drittes Zimmer, worin die Kreisende selbst lag, von klagenden kleinen Frauen umgeben. Auch diese fielen vor der Rittersfrau nieder, ihre Händchen flehend erhoben. Die kluge, erfahrene Anna trat zu der Kreisenden, half ihr, so gut sie es vermochte, und noch war keine halbe Stunde vergangen, da hielt sie ein kleines feingebildetes Knäblein, einem Wachsbilde gleich, der glücklichen Mutter hin. Da tanzten alle kleinen Frauen vor Freude, man hörte eine leise liebliche Musik, die Männchen kamen tanzend und springend zu den kleinen Frauen und wirbelten sich einige Male schnell im Kreise herum. Ganz allein aber blieb jetzt die Rittersfrau bei der Wöchnerin zurück und jene sprach zu ihr: »Anna, du hast mir geholfen und das Leben gerettet, dafür sei bedankt; zum Andenken an mich, die du nie wiedersehen wirst, reiche ich dir hier drei Becher. Bewahre sie sorgfältig, denn wisse, von ihrer Dauer hängt die Dauer des Stammes der Asseburger ab. Zerbrechen sie, so bricht auch er und verdorrt, darum hüte sie wie deinen Augapfel. Lebe wohl!«

Die drei Becher wurden sorgfältig aufbewahrt. Sie wurden zwei Jahrhunderte lang im Geschlecht der Asseburger weitervererbt, denn man hielt an dem Glauben an ihre hohe Wichtigkeit fest und wachte mit ängstlicher Sorgfalt über ihre Erhaltung. Dennoch ging einer davon zu Bruch. Es lebte nämlich in Wallhausen in Thüringens goldner Aue eine Wittwe Asseburg, die einen der drei Becher verwahrte. Da traf es sich, dass zwei ihrer Söhne sie besuchten. Es waren junge Burschen und Freunde ausgelassener Zechgelage. Bald erklangen im ruhigen Wittwensitz lustiger Becherklang und fröhlicher Gesang. Die Brüder hatten auch zahlreiche Gesellschaft von adligen Junkern aus der Nachbarschaft geladen und beim fröhlichen Mahle kam das Gespräch auf die drei Becher. Einer der Asseburger musste wohl oder übel seinen Gästen die Geschichte erzählen. Wie es zu geschehen pflegt, fanden sich Gläubige und Ungläubige unter den Anwesenden und bald verlangte einer die Becher zu sehen, welche, wie sich aus der Erzählung einer der Brüder ergeben hatte, hier verwahrt wurden. Zwar versicherten diese, daß dies nicht angehen werde, da ihre Mutter in diesem Punkte sehr streng sei und sie noch nicht einmal ihnen selbst gezeigt habe. Allein, die vom Wein aufgeregten Junker ließen sich nicht begütigen. Sie bestanden darauf, zu der Hausherrin geführt zu werden und sie um die Gewährung ihres Wunsches zu bitten. Was konnten die hart bedrängten Brüder tun? Sie mussten den Bitten ihrer Gäste nachgeben und sie in das Zimmer der Mutter führen, wo der wilde Schwarm dann selbst sein Anliegen vorbrachte. Zwar schlug die Witwe dasselbe anfangs rundweg ab, allein die Gäste ließen nicht ab von ihren Bitten. Nur sehen, nur aus der Ferne betrachten wollten sie die Becher, keinesfalls sie berühren oder betasten. Endlich ließ sich die Edelfrau, welche dem lästigen Bitten ein Ende machen wollte, erweichen und gab soweit nach, dass sie den Schrein, worin die Becher verwahrt wurden, zu öffnen versprach, wenn die Junker sich ihrerseits verpflichteten, zwei Schritte davon entfernt ruhig stehen zu bleiben und sich in dieser Entfernung die Becher anzusehen. Versprochen war dies leicht, aber nicht ebenso gehalten. Kaum war nämlich der Schrein geöffnet, als alle darauf zustürzten und sich im Nu der kostbaren Gläser bemächtigten. Die Mutter schrie laut auf, bat und flehte, sie mögen doch ihr Wort halten, es sei gegen die Abrede, was sie taten. Doch nichts half. Einer der munteren Gesellen gab ihr zur Antwort, sie hätten sich einmal vorgenommen, auf das Wohl der Familie Asseburg aus diesen Schicksalsbechern zu trinken, und dies müsse unbedingt geschehen. Damit eilten sie wieder in den Speisesaal und nahmen die Becher mit, wo sie sie mit dem besten Wein, den sie hatten, füllten und bald machten dieselben die Runde unter den fröhlichen Zechern. Diese tranken nicht bloß auf die Gesundheit der Asseburger, sondern ein jeder Einzelne musste aus ihnen hochleben gelassen werden. Immer trauriger erklangen die Hochs und der Becher Klang und es ging fort, bis fast keiner mehr seiner Sinne mächtig war. Da dachten sie denn endlich an die Heimkehr und einer der fremden Gäste ergriff im Rausche einen der Becher und forderte einen anderen auf, mit ihm auf der Asseburger Wohl zu trinken. Da erfassten beide die gefüllten Becher und stießen herzhaft damit an. Doch oh Weh! Einer der Becher zerbrach bei dem heftigen Anprall und die Scherben fielen klirrend zu Boden. Da kamen die Trunkenen plötzlich wieder zu Sinnen, bestürzt standen die Täter da und schauten bekümmert auf die Scherben nieder. Zwar suchten sie dem Ereignis eine heitere Seite abzugewinnen und über das angeblich mit der Dauer der Becher verknüpfte Verhängnis der Asseburgischen Familie zu scherzen, vergebens versicherte einer der Brüder selbst, er glaube nicht an die Geschichte und für ihn sei der Verlust des einen Bechers nur darum schmerzlich, weil er wisse, wie tief derselbe seine Mutter kränken werde, die festen Glaubens an die ihnen beigelegte Wirkung sei. Das Geschehene konnte jedoch nicht wieder ungeschehen gemacht werden. Still entfernten sich die schnell zur Besinnung gekommenen Zecher und den Brüdern blieb nichts anderes übrig, als ihrer Mutter die traurige Begebenheit zu berichten und ihr die zwei noch geretteten Becher zurückzugeben. Aber nicht grundlos war ihre Besorgnis gewesen, dass der Verlust die alte Frau schwer erschüttern werde. Sie erkrankte augenblicklich und erst nach Verlauf von acht Tagen vermochte sie sich wenigstens einigermaßen von dem Schreck zu erholen. Jetzt wollten die Söhne Abschied nehmen, allein ihre Mutter wollte sie nicht von sich lassen. Es war ihr, als solle sie sie niemals wiedersehen. Indes, es musste geschieden sein. Unter heißen Tränen gab ihnen die Mutter den Abschiedskuss. Bereits nach wenigen Stunden ereilte die Söhne jedoch das Schicksal. Kaum eine Stunde von Wallhausen entfernt, wurden ihre Rosse durch einen auffliegenden Storch scheu, ergriffen die Flucht, rannten, trotz Zügel und Zaum, wie toll bergauf und bergab und stürzten endlich samt dem Wagen in die Fluten des hoch angeschwollenen Helmeflusses, der das Grab der Brüder Asseburg wurde.

Seit dieser Begebenheit bewahrt die Familie Asseburg nur noch zwei jener Schicksalsbecher, um sie Zweiflern an der Wahrheit dieser Sage als schlagende Beweise entgegenzuhalten. Der eine wird auf dem der Familie gehörenden Schloss Hindenburg in Westfalen aufbewahrt, der andere seit dem Beginn des zweiten Viertels dieses [19.] Jahrhunderts auf dem Schloss Falkenstein, wo er aber nur einzelnen Auserwählten gezeigt wird.

⚜ ⚜ ⚜

Das Schloss Falkenstein ist gut erhalten und ein beliebter Ausflugsort. Im Sommer findet dort ein mittelalterlicher Sängerwettstreit statt. Der Stammsitz der Familie »Von der Asseburg« auf der Asse bei Wolfenbüttel ist jedoch nur noch als Ruine erhalten.

Die schwarze Frau im Charlottenburger Schloss

Friedrich Wilhelm III. von Preußen wohnte üblicherweise im Kronprinzen-palais »Unter den Linden«, wo er mit seiner Frau Luise, geborene von Meck-lenburg-Strelitz, eine fast schon bürgerliche, aber überaus vorbildhafte und glückliche Ehe führte. Gelegentlich siedelte der Hof jedoch von Berlin nach Charlottenburg um. Eines Tages begab es sich bei einer kleineren Gesellschaft ohne den König im Teehäuschen des Charlottenburger Schlosses, dass die Tür sich öffnete und eine vollständig in schwarz gekleidete Frau eintrat. Sie verlang-te, dringend den König zu sprechen. Der Kronprinz bot sich ihr als Gesprächs-partner an, was sie jedoch mit der brüsken Bemerkung, er sei nicht der König und sein Benehmen nicht würdig genug, ablehnte. Die ganze Gesellschaft war schockiert über diesen Verstoß gegen die Etikette, doch bevor sich jemand äu-ßern konnte, sagte die Frau, ohne sich umzusehen: »Der König kommt!«. Da nie-mand den König erwartete, stimmte diese Bemerkung den einen heiter, den an-deren veranlasste sie zu einem Kopfschütteln. Doch schon öffnete sich die Tür und der König trat ein. Man nannte ihm das Begehren der schwarz gekleideten Frau, doch der König sah noch nicht einmal hin: »Man soll ihr Geld geben und sie fortschicken«, sagte er barsch. Da wandte sich die Frau zum Ausgang, sagte aber im Fortgehen: »Ihr werdet es bereuen, dass Ihr nicht hören wolltet, was ich Euch als Warnung zu sagen kam.« Niemand hielt sie auf. Wenig später, am 19. Juli 1810, kniete der König am Bett seiner gerade verstorbenen Frau.

⚜ ⚜ ⚜

Der Bau von Schloss Charlottenburg wurde durch Sophie Charlotte von Hannover, der Gemahlin des Kurfürsten Friedrich III., in Auftrag gegeben und am 11. Juni 1699 fand die Einweihung statt. König Friedrich I. von Preußen ließ es weiter ausbauen, Friedrich II. machte Charlottenburg zu seiner Residenz. Unter ihm erhielt das Schloss auch seine heutige Form. Friedrich Wilhelm III. (1797–1840) war König von Preußen. Bis 1806 stand er in Abhängigkeit von Napoleon I. und trat 1806 in den Krieg gegen diesen ein, was für ihn zu einer Niederlage wurde und ihn zum Frieden von Tilsit mit enormen Gebietsverlusten zwang. Er ermöglichte preußische Reformen, die er aller-dings nach dem Wiederaufstieg Preußens zum Großstaat nicht fortführte. Stattdes-sen entließ er Wilhelm von Humboldt und stimmte einer Restauration der Bürokra-tie nach den Ideen Fürst von Metternichs zu.

Der Schatz auf der Rudelsburg

In der Rudelsburg hauste einst ein Ritter, der wegen seiner grausamen Räubereien weithin gefürchtet war. Mit Gewalt konnte nichts gegen ihn ausgerichtet werden, das hatte man bereits mehrfach vergeblich versucht. Da kam der Magistrat auf ein anderes Mittel. Einer im Turm eingesperrten Hexe bot man Leben und Freiheit an, wenn es ihr gelänge, den Ritter aus seiner Burg direkt in die Hände der Bürger zu liefern. Das versprach die Hexe, verschaffte sich durch eine List Einlass in das Schloss, verwandelte sich dort in ein Pferd, das aussah wie die Stute des Ritters, und trug diesen, nachdem er es bestiegen und mit ihm die Burg verlassen hatte, trotz dessen Gebrauchs von Zügeln, Peitsche und Sporen direkt in die Stadt, wo die Bürger über ihn herfielen. Er wurde aber nicht direkt getötet. Man sperrte ihn in einen eisernen Käfig, hängte ihn darin zum Turme heraus und ließ ihn dort verhungern.

Dieser Raubritter hatte in seiner Burg einen Schatz versteckt, der vergeblich gesucht und bisher nicht gefunden wurde. Es heißt, wenn man ihn entdecken will, muss man in der Walpurgisnacht kommen. Doch nur alle sieben Jahre hat man die Chance, ihn zu entdecken. Der Schatz wird aber von einem schwarzen Hund mit feurigen Augen bewacht. Um an diesem vorbeizukommen, muss man einen kohlrabenschwarzen Ziegenbock dabeihaben. Den zerreißt dann der Hund, der kein anderer als der Teufel selbst ist. Befindet sich aber auch nur ein einziges weißes Härchen an dem Bock, dann zerreißt der Hund nicht ihn, sondern den Schatzsucher.

⚙ ⚙ ⚙

Oberhalb von Saaleck liegt die Rudelsburg, eine Höhenburg, auf einem felsigen Bergrücken aus Muschelkalk. Sie stammt vermutlich aus dem 11. Jahrhundert. Erstmalig erwähnt wurde sie im Jahr 1171. Ab dem 16. Jahrhundert verfiel die Anlage. Im 19. Jahrhundert war die Rudelsburg häufiges Ziel romantischer Wanderer. Franz Kugler dichtete das berühmte Lied »An der Saale hellem Strand« bei einer Rast auf der Rudelsburg.

Schloss Quedlinburg

Kaiser Heinrich der Vogler war es, der die Stadt Quedlinburg erbauen ließ, nachdem er die Hunnen geschlagen hatte. Auch das Stift in der Stadt soll auf ihn zurückgehen. In der Pfalzkapelle auf dem Schlossberg wurde er schließlich bestattet.

Man erzählt sich, dass seine Tochter Mathilde so schön war, dass der Vater sich in sie verliebte. Als die keusche Prinzessin dies bemerkte, betete sie zu Gott, er möge sie so hässlich machen, dass der Vater diese verwerfliche Leidenschaft verlöre. Doch nicht Gott ließ zunächst von sich hören; der Teufel wurde bei ihr vorstellig. Er bot ihr an, die Liebe des Vaters in Hass zu verwandeln. Mathilde überlegte lange. Endlich entschloss sie sich, lieber mit dem Teufel selbst ein Bündnis einzugehen, als solch eine verwerfliche Handlung zu billigen, wie der Vater sie anstrebte. Sie machte jedoch zur Bedingung, dass der Teufel sie dreimal besuchen müsse und nur dann sein Recht, nämlich ihre Seele, bekäme, wenn er sie einmal schlafend vorfände.

Um allen Schlaf von sich abzuwenden, nahm sie sich eine kostbare Stickerei vor, die sie stets munter halten sollte. Doch konnte sie dem Schlummer trotzdem nicht immer wehren. Dann weckte sie jedoch ihr treues Hündchen Quedl, deshalb fand der Teufel sie, wenn er kam, immer wach und munter vor. Das verdross ihn so sehr, dass er aus Wut mit seiner Kralle durch ihr Gesicht fuhr, dabei die schöne Nase eindrückte, ein Auge zerstörte und den kleinen Mund bis zum Ohr aufriss. Auf diese Weise schaffte es Mathilde, dass der Teufel ihr Gebet zu Gott erfüllen musste und des Vaters Nachstellungen unterblieben. Sie ging anschließend in das Stift und wurde dessen erste Äbtissin.

🕊 🕊 🕊

Diese Sage um die Entstehung von Quedlinburg ist nicht leicht historisch zu verorten. Zwar hieß die Gattin Heinrichs I. Mathilde, diese gründete das Stift in Quedlinburg und war auch dreißig Jahre lang dessen Leiterin, jedoch niemals Äbtissin. Heinrichs Sohn Otto I. hatte aber eine Tochter, die ebenfalls Mathilde hieß und 966 mit der Leitung des Damenstifts betraut wurde. Ihre Großmutter starb im Jahr 968 und wurde an der Seite ihres Gemahls bestattet. Im Jahr 994 verlieh Otto III. dem Stift seiner Tante, der Äbtissin Mathilde, das Markt-, Münz- und Zollrecht. Die Pfalz, die Heinrich I. auf dem Burgberg errichten ließ, ist heute in Vergessenheit geraten. Beigesetzt wurde er mit seiner Frau in der damaligen Pfalzkapelle auf dem Burgberg, die aber heute nicht mehr steht. Über den Verbleib der Leichname ist nichts mehr bekannt.

Von Raben und Katzen auf der Merseburg

Die Sage von Bischof Thilo von Trotha, der einen treuen Diener hinrichten ließ, weil er ihn im Verdacht hatte, seinen goldenen Ring gestohlen zu haben, welcher aber in Wahrheit von einem Raben entwendet worden war, ist hinlänglich bekannt. Einen Raben hält man in der Merseburg zur Erinnerung und Mahnung noch heute in einem Käfig. Weniger bekannt ist hingegen die Sage vom Bischof und seiner Katze.

Der Bischof Michael in Merseburg hatte eine große Vorliebe für Katzen. Er hielt sich derer eine große Menge und in allen Farben. Auf seinen Spaziergängen ließ er sich von ihnen oft begleiten. Eines Tages reiste er nach Magdeburg und hörte im ersten Wald, der auf seiner Strecke lag, ein seltsames Geräusch. Er ging nachsehen und entdeckte eine große Menge Katzen auf einem kleinen Berge versammelt. Diese Anhöhe wurde deshalb bald darauf »Katzenberg« genannt. Diese Katzengesellschaft machte ihm so viel Vergnügen, dass er ihrem Treiben eine Weile zusah und endlich scherzend rief: »Seid Ihr alle hier versammelt? Fehlt keine?« »Alle«, antwortete ihm ein alter Kater, »bis auf die Katze des Bischofs, die wir noch erwarten.« Als der Bischof von seiner Reise zurückgekehrt war, lockte er seine schwarze Katze, die er ihrer seltsamen Sprünge und Kunststücke wegen gern um sich hatte, zu sich, streichelte sie und erzählte ihr, was er auf dem Berge erlebt hatte. Er fragte sie, warum sie nicht an der großen Katzenversammlung teilgenommen habe. Auf diese Frage hin fuhr die Katze mit wildem Gefauche zum Fenster hinaus und kehrte nie wieder zum Bischof zurück.

Eine andere Sage berichtet, dass Thilo von Trotha, der Erbauer des Schlosses, einst einen Boten in den Harz gesendet habe. Dieser habe bei seiner Rückkehr erzählt, dass er in der Nacht vor dem ersten Mai auf einem Baum des Blocksbergs zwei Katzen gesehen habe, die unter sich geäußert hätten, dass sie längst oben zum Tanze sein könnten, wenn Thilos Katze nicht so lange auf sich warten ließe. Auf diesen Bericht des Boten hin soll Thilo drohend die Hand gegen seine Katze, die neben ihm auf dem Stuhle saß, gehoben und halb ernst, halb scherzend gesagt haben: »Ei, ei, muss ich solche Dinge von dir hören!« Noch hatte Thilo seine Worte nicht beendet, als die Katze schon in einem Sprunge durchs Fenster fuhr, dabei einen abscheulichen Geruch hinterließ. Sie kehrte nie wieder zurück und der Bischof ließ das Fenster zumauern.

⁂ ⁂ ⁂

Otto I. gründete das Bistum Merseburg im Jahr 968. Das erste Schloss wurde von Bischof Heinrich von Warin zwischen 1245 bis 1265 erbaut. Der Neubau des Schlosses erfolgte unter Bischof Thilo von Trotha gegen Ende des 15. Jahrhunderts. Der letzte katholische Bischof starb 1561. Danach setzte sich auch in Merseburg die Reformation durch.

Ludwig der Springer (Burg Giebichenstein)

Die einen erzählen, Graf Ludwig habe sich in die Gemahlin des Pfalzgrafen zu Sachsen verliebt, die anderen, er habe gar die Pfalzgrafschaft erlangen wollen, als er Friedrich III. erstach. Für diese Mordtat wurde er auf der Burg Giebichenstein hoch über der Saale eingekerkert, um seinen Richterspruch zu erwarten. Zwei Jahre und noch etwas länger saß er dort fest, der Kaiser weilte außer Landes und konnte sich mit seinem Fall nicht beschäftigen. Da beschloss Ludwig zu fliehen. Da die Burg hoch auf dem Felsen lag, waren die Fenster nicht verschlossen. Eine Flucht über diesen Weg schien nicht möglich. Ludwig heuchelte eine Krankheit vor, ließ sich Schreibgerät bringen, um einen letzten Brief an seine Gemahlin zu schreiben. Darin forderte er aber seinen Diener auf, mit seinem Pferd in der Nähe der Saale zu verweilen. Er ließ sich, weil er angeblich fror, einen weiten Mantel bringen. Damit lehnte er sich aus dem Fenster, bis er seinen Diener bemerkte. Als er diesen gewahrte, kletterte er aus dem Fenster und sprang. Der Wind blähte den Mantel auf und bremste seinen Sturz ab, sodass er unbeschadet auf dem Saalewasser aufkam. Ehe die Wächter etwas bemerkten, saß er schon auf dem Pferd und ritt davon. In Sangershausen verweilte er nicht lange, sondern reiste mit seiner Frau nach Rom zum Papst und ließ sich von diesem die Absolution erteilen. Von diesem Sprung bekam er den Beinamen »der Springer«.

Ludwig von Schauenburg (1042–1123) war Graf in Thüringen. Er stammte aus dem Adelsgeschlecht der Ludowinger. Seinen Beinamen erhielt er später durch die Sage. Vermutlich handelt es sich aber um eine Fehlinterpretation des lateinischen Namens Salicus, der besagt, dass Ludwig ein Salier ist. Man übersetzte es fälschlicherweise mit »Springer«. Eine Burg Giebichenstein wurde 961 erstmals in einer Urkunde Ottos I. erwähnt. Mit der Anlage, deren Überreste heute noch als Ruine zu sehen sind, hatte diese jedoch nichts zu tun. Die genaue Lage der einstigen Burg Giebichenstein ist nicht mehr bekannt, man vermutet sie aber auf der Bergkuppe östlich der heutigen Befestigung

Die Wittekindsburgen
(Wittekindsburg und Burg Wettin)

Der Sachsenherzog Wittekind hatte drei Burgen: eine in der Gegend von Minden auf einem schönen Berg, da, wo das Wesergebirge beginnt und man Porta Westfalica erblickt: die Wittekindsburg. Eine andere stand auf dem Werder, da, wo die Herforder Werre in die Weser fließt, und eine dritte hatte Wittekind nahe der heutigen Stadt Lübbecke erbauen lassen: die Babylonie. Man erzählte sich, dass die Burg bei Minden und auch der Ort selbst erst Visingen geheißen habe und dass Karl der Große nach Wittekinds Bekehrung dort einen Bischofssitz begründen wollte. Da habe Wittekind zu dem von Karl gesandten Bischof gesagt: »Es soll meine Burg Visingen an der Weser zu gleichem Recht mein und dein sein und kein Streiten um das Mein und Dein«: *min-din*. Von da an sei der neue Sitz »Mindin« genannt worden, woraus dann der Name Minden entstand. Auch Wettin, der Sachsenfürsten hehre Stammburg, soll von Wittekind erbaut worden sein und Wittenberg dankt ihm nicht minder seine Gründung.

⚛ ⚛ ⚛

Die Wittekindsburg ist eine Fliehburg gewesen. Sie wurde als Wallburg im östlichen Wiehengebirge errichtet. Wälle und Mauerreste sind heute noch zu sehen. Burg Wettin bei Wettin in Sachsen-Anhalt ist in einem besseren Zustand, allerdings handelt es sich dabei um ein jüngeres Bauwerk. Man nimmt an, dass es schon in karolingischer Zeit eine slawische Burganlage gegeben hat. Die in der Urkunde Kaiser Ottos I. (961) erwähnte Stadt Vitin civitas ist vermutlich bereits ein Burgward gewesen.

Das Teufelsloch zu Goslar

Im Jahre 1063 kam Kaiser Heinrich IV. nach Goslar. Da begannen Bischof Horzilo von Hildesheim und Abt Widerad von Fulda einen heftigen Rangstreit um den Vorsitz. Beide wollten die Ehrenstelle für sich in Anspruch nehmen. Das ging schließlich so weit, dass die erbitterten Gegner ihre Bewaffneten in die Kirche bestellten und beide Gruppen um den erstrebten Sitz kämpfen wollten. Man schlug sich schließlich mit den scharfen Waffen, dass das Blut umherspritzte, die Pfeiler beschmutzte und zur Kirchtüre auf den Kirchhof hinausfloss. Darüber freute sich der Teufel ungemein. Er stieß ein Loch in die Wand, zeigte sich den Kämpfenden, feuerte sie an und empfing die Seelen derer, die in diesem gottlosen und verruchten Kampfe fielen. Als endlich das Morden aufhörte, welches über die drei Weihnachtsfeiertage gedauert haben soll – andere behaupten, es sei um Pfingsten gewesen – und der Priester am Altare intonierte »*Hunc diem gloriosum fecisti!*«, um den christlichen Feiertag einzustimmen, da schob der Teufel seinen Kopf durch das von ihm gemachte Mauerloch, streckte seine feuerrote Zunge armeslang hindurch und plärrte mit grober und lauter Stimme: »*Hunc diem bellicosum ac cruentum ego feci!*«, womit er sagte, dass dieser blutige Kriegstag auf seine Rechnung ginge.

Später wollten sie das Loch zumauern; allein, es blieb offen. Vergebens besprengte man es mit Weihwasser und machte auch den Mörtel mit Weihwasser an. Doch immer, wenn es endlich geschlossen schien, fiel der letzte Stein wieder heraus. Endlich wurden Baumeister vom Herzog von Braunschweig erbeten, die mauerten in das Teufelsloch eine schwarze Katze ein und sprachen beim Einsetzen des letzten Steines: »Willst du nicht festsitzen in Gottes Namen, so sitze fest in des Teufels Namen!« Da hielt der Stein, aber einen Riss bekam die Mauer doch aufs Neue und der ist auch nicht wieder wegzubringen gewesen.

⚜ ⚜ ⚜

Das Kaiserhaus der Kaiserpfalz in Goslar gilt als der größte und älteste, außerdem besterhaltene Profanbau des 11. Jahrhunderts in Deutschland. Für die Salierkaiser war es die bevorzugte Aufenthaltsstätte. Der Goslarer Rangstreit ist in die Geschichte eingegangen: Zu Weihnachten 1062 kam es beim Verspergottesdienst zum Streit um den Ehrenplatz neben dem Erzbischof zwischen Abt Widerad von Eppenstein und Bischof Hezilo von Hildesheim. Es entstand ein Handgemenge zwischen dem

beiderseitigen Gefolge, das Otto von Northeim durch energisches Dazwischenge-
hen beendete. Da er zugunsten des Abts von Fulda entschied, flammte der Streit zu
Pfingsten 1063 bei einem Hoftag in Gegenwart des 13-jährigen Heinrich IV. erneut
auf. Diesmal ging es blutig aus und es gab Tote.

Die Jungfer von Burg Brunstein

Bei Langenholtensen stand vor Zeiten die Burg Brunstein. Zur Zeit des Sie-
benjährigen Krieges sollen die Bauern der umliegenden Dörfer noch ihre
Pferde in den damals wohlerhaltenen Kellern der Burg versteckt haben. Doch
man sagt auch, dass es dort nicht geheuer sei. Eine weiße Jungfrau, allgemein
die »Käsejungfer« genannt, gehe dort um Mitternacht um. Es soll die Ahnfrau
der ehemaligen Burgherren sein. Sie erscheint in der Burgscheuer, die noch steht,
und geht vom Burgberg dann herunter zum Eselsbrunnen. Sie trägt ein langes,
weißes Gewand und einen weißen Schleier. An ihrem Gürtel hängt ein Schlüs-
selbund. Mal zeigt sie sich für längere Zeit nicht, dann wieder häufiger.

⚜ ⚜ ⚜

Burg Brunstein ist eine abgegangene Höhenburg. Die frühere Burgstelle ist heute mit
Bäumen bewachsen. Im Dreißigjährigen Krieg wurde die Burg stark beschädigt; aus
ihren Steinen errichtete man dann ein Amtsgebäude. In der Nähe der Anlage gibt es
die sogenannte Burgscheune, die erst im 18. Jahrhundert ebenfalls aus den Steinen der
Burg erbaut wurde.

Die Erbauung der Burg Greene

Als man die Burg Greene erbaute, mauerte man ein kleines Kind im Funda-
ment lebendig ein. Nach sieben Tagen öffnete man das Gewölbe noch einmal, um zu schauen, ob das Kind noch lebte. Und wirklich war es noch lebendig
und lächelte die Menschen freundlich an. Von diesem Lächeln – *Greeneken* – bekam die Burg ihren Namen.

Bauopfer zu erbringen ist ein altes Ritual, um den Bestand von Bauwerken zu sichern. Es ist seit der Antike bekannt. In der Neuzeit wurden Ersatzopfer gewählt – Puppen, Gefäße mit Nahrungsmitteln, aber auch Hunde als Opfer konnten noch für das 18. Jahrhundert nachgewiesen werden. Burg Greene ist eine mittelalterliche Spornburg. Die Ruine liegt auf einer vorspringenden Bergnase über dem Leinetal. Erhalten sind der Bergfried und einige Mauerreste.

Die weiße Frau. Kupferstich von Léon Benett.

Burg Rheinstein befindet sich in Privatbesitz, kann aber besichtigt werden.

Das Schweriner Schloss ist heute Sitz des Landtags von Mecklenburg-Vorpommern.

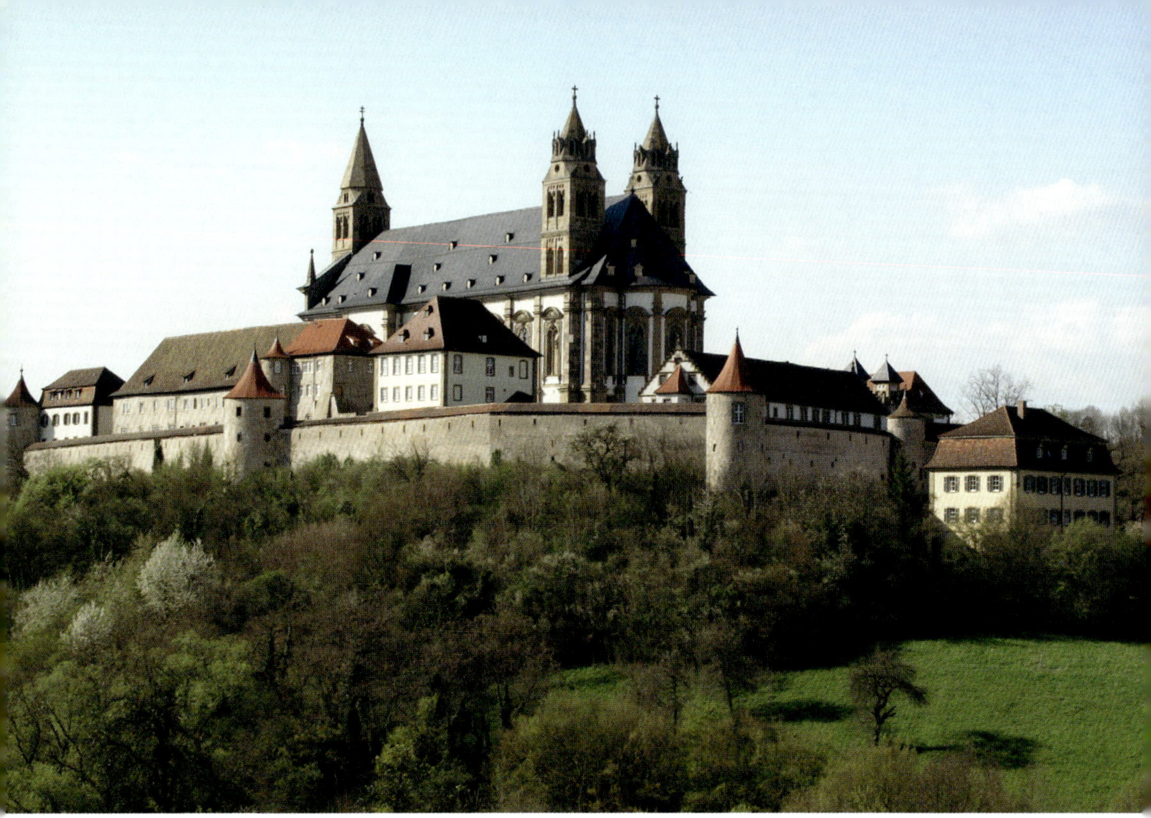

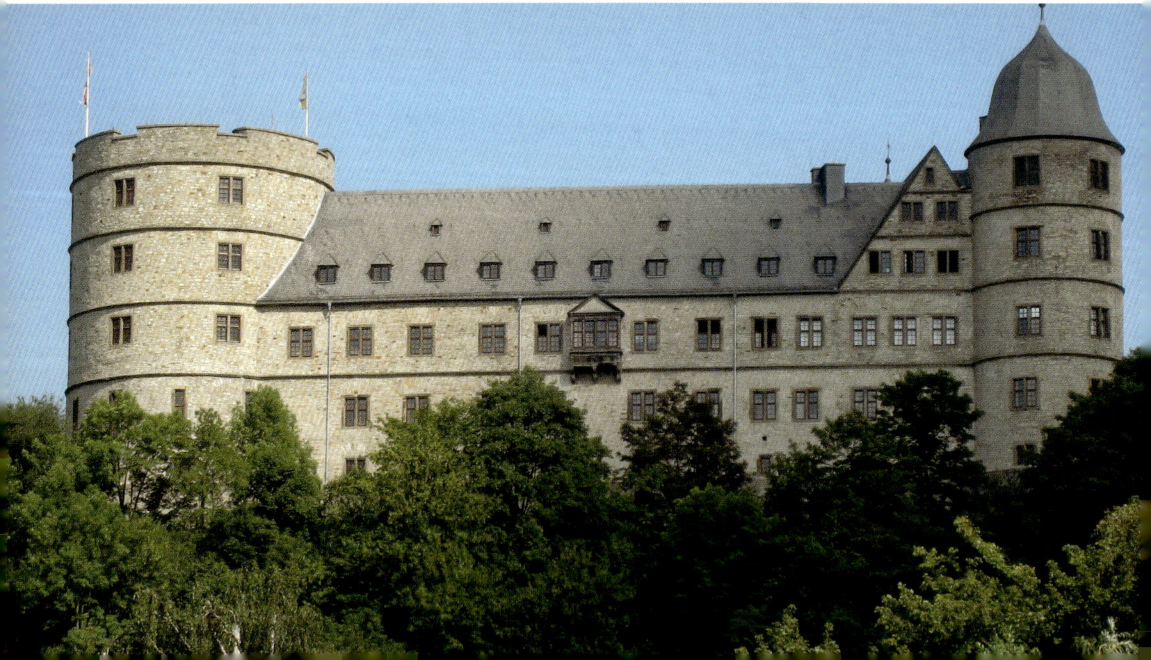

◄ *Die Benediktiner nutzten die Comburg ehemals als Kloster.*

▻ *Die SS residierte von 1934 bis 1945 in der Wewelsburg und zerstörte sie im März 1945.*

▼ *Die Veste Coburg ist eine zur Festung ausgebaute mittelalterliche Burganlage.*

◄ *Die Marksburg steht auf einem Schieferkegel in 160 Meter Höhe.*
Sie ist die einzige nie zerstörte mittelalterliche Höhenburg am Mittelrhein.

▼ *Burg Pfalzgrafenstein kann über eine Personenfähre von Kaub aus erreicht werden.*

Burg Lahneck ist ein Beispiel für die Entwicklung eines Wehrbaus zur Wohnburg.

MITTELDEUTSCHLAND

Der Schwanenritter (Schwanenburg, Kleve)

Als der Herzog Gottfried von Brabant starb, hinterließ er neben seiner Gemahlin noch eine Tochter, jedoch keinen männlichen Erben. Zwar hatte er sich vor dem Tod noch versichert, dass alle Verwandten und Freunde sein Erbe und die Familie schützen würden, doch kaum war er unter der Erde, bemächtigte sich sein Bruder, der Herzog von Sachsen, schon seines Besitzes. Daraufhin verklagte die Gattin des Verstorbenen den Herzog vor dem Kaiser, der bald darauf einen Reichstag im Rheinland abhielt.

Während der Kaiser noch nachdachte über den Fall, sah er aus dem Fenster auf den Rhein und erblickte einen Schwan, der den Rhein aufwärts schwamm und dabei ein Boot hinter sich herzog, in dem ein Ritter lag und schlief. Der Schwan steuerte ans Ufer, der Ritter erwachte und stieg aus. »Flieg deinen Weg, du lieber Schwan. Ich werde dich rufen, wenn ich deiner wieder bedarf«, rief er dem Schwan zu. Der schwamm mit dem Boot so schnell davon, dass er wenig später schon allen Blicken entschwunden war.

Darüber hatten der Kaiser und alle um ihn herum den Fall Brabant vergessen und waren ans Ufer geeilt. Der Kaiser führte den Schwanenritter selbst auf die Burg. Dann hörte er sich die Klage der Herzogin von Brabant erneut an. Der Herzog von Sachsen behauptete, dass nach altem Recht seine Schwägerin und Nichte von seinem Bruder nicht erben dürften. Dieses zweifelte aber mancher an. Trotzdem verlangte der Herzog, dass die Frauen entweder auf die Erbschaft verzichteten oder sich ein Kämpfer stellen solle, der für ihr Recht mit dem Schwert zu kämpfen bereit war.

Die Frauen waren darüber sehr betroffen, denn sie standen seither einsam da. Niemand mochte sich mit dem mächtigen Sachsenherzog anlegen, zumal er auch wegen seiner Tapferkeit und Stärke bekannt war.

Da erhob sich der Schwanenritter und bot an, für die beiden Frauen von Brabant zu kämpfen. Er überwand den Herzog von Sachsen und tötete ihn. Daraufhin sprach der Kaiser den beiden Damen sogleich Brabant zu, verband dies jedoch mit dem Wunsch, dass der Ritter sich mit der Tochter der Herzogin vermähle. Die Damen willigten in das Verlöbnis ein und auch der Ritter sagte es zu, stellte jedoch seinerseits die Bedingung, dass die Gemahlin niemals fragen dürfe, woher er gekommen und welcher Abstammung er sei. Andernfalls müsse er sie sogleich verlassen. Die junge Frau versprach es ihm und kurz darauf heirateten sie.

Sie lebten glücklich miteinander und bekamen zwei Kinder. Als diese heranwuchsen, fragte die junge Herzogin ihren Gatten, um seiner Nachkommen willen, doch nach seinem Geschlecht und seiner Herkunft. Der Ritter wurde traurig und sagte: »Du hast unser Glück zerstört, denn ich muss nun gehen, wie ich es vor unserer Hochzeit prophezeit habe.« Die Herzogin bereute sofort ihre voreilige Frage, allein, es gab für den Ritter kein Halten mehr. Er rief nach dem Schwan, der auch sogleich geschwommen kam, stieg in das Boot und fuhr mit ihm davon. Niemand hat ihn je wiedergesehen.

Von den Kindern des Schwanenritters stammen viele edle Geschlechter ab, darunter auch die Herzöge von Kleve, die alle den Schwan im Wappen führen.

Die Schwanenburg in Kleve wurde, vermutlich im 11. Jahrhundert, auf einem spornartigen Ausläufer des niederrheinischen Höhenzugs erbaut. Somit gehört sie zu den wenigen Höhenburgen am Niederrhein. Die Schwanenrittersage stammt aus dem Raum der burgundischen Niederlande (einem Gebiet, das die heutigen Niederlande, Belgien, Luxemburg und Teile Nordfrankreichs umfasste). Das Motiv war bereits im Mittelalter sehr beliebt, wurde verschiedentlich ausgestaltet (von Konrad von Würzburg, Wolfram von Eschenbach im Parzival *bis hin zu Richard Wagner, der die Sage als Vorlage für sein Musikdrama* Lohengrin *benutzte). Eine weitere Version dieser Sage finden Sie in meinem Buch* Sagen und Legenden des Mittelalters, *Regionalia Verlag.*

Der Ritter mit dem eisernen Halsband
(Lüdinghausen: Burg Vischering, Burg Kakesbek)

Lambert von Oer zu Kackesbeck, ehemaliger Kommandant zu Münster, lag mit Goddert von Heren im Streit um einige Güter. Als an einem Sonntag der Lambert nach Lüdinghausen zur Kirche fahren wollte, lag der von Heren an der Landstraße im Hinterhalt. Er fiel über den Ahnungslosen her und schloss ihm ein eisernes Band um den Hals, welches er in Nürnberg hatte anfertigen lassen. Von außen konnte es nur mit einem speziellen Schlüssel geöffnet werden. Von innen hatte der Schmied es mit eisernen Stacheln bestückt. Lambert von Oer musste schwören, zu einem festgesetzten Termin an einem festgelegten Ort die Güter an den Ritter von Heren zu überschreiben.

Als Lambert von Oer nach Hause kam, sagte er zunächst scherzend zu seiner Frau: »Schau, hier kommt der alte Ritter mit dem Halsband«. Da aber das Schloss nicht zu öffnen war, die Stacheln verhinderten, dass er aß, und auch das Schlafen nicht recht gelingen wollte mit dem Eisen um den Hals, fuhr er nach Münster, einen Schmied zu suchen, der Abhilfe schaffen könne. Doch keiner wollte es wagen, das Halsband zu öffnen. Zuletzt sagte der Schmiedemeister Thiel Schwoll an der Straße nach Höxter, er wolle einen Versuch wagen. Ergeben legte Lambert von Oer seinen Hals auf den Ambos, der Schmied nahm den schweren Hammer und schlug mit den Worten »Im Namen des Vaters, des Sohnes und des Heiligen Geistes« dreimal auf das Halsband. Beim letzten Schlag sprang es auf

⚙ ⚙ ⚙

Der Erbschaftstreit ging nicht gut aus. Zwar versuchte der Rat von Münster, den Streit zu schlichten, doch befehdeten sich beide Familien heftig und so mancher ließ dabei sein Leben. Das Halsband wird heute im Museum auf der Burg Vischering aufbewahrt. Goddert aus der Sage ist Gottfried von Harmen zu Horne. Lambert von Oer war zum Zeitpunkt des Geschehens (um 1520) bereits 80 Jahre alt. Lüdinghausen besitzt drei Burgen: neben der Burg Kackesbeck und Burg Vischering (siehe Bildtafel IX) die Renaissance-Burg Lüdinghausen. Alle drei sind Wasserburgen, bei denen die Burganlagen von Gräften umgeben sind.

Der untreue Burgvogt der Burg Altena

Graf Adolf I. von Berg und Altena hatte sich gegen das Jahr 1038 mit Adele, der Tochter des Herzogs von Lothringen, vermählt. Die zwei Gatten, die sich innig und treu liebten, bekamen zwei Söhne: Adolf und Bruno. Nach siebenjährigem Zusammenleben wurde der Graf von Kaiser Heinrich III. aufgefordert, ihm als Vasall mit seinen Mannen in den Krieg zu folgen. Der Graf musste sich zur Trennung bequemen, so schwer es ihm auch fiel, denn eine Weigerung kam nicht infrage. Er legte aber zuvor fest, dass sein Günstling und Dienstmann, Conrad von der Aue, ihn während seiner Abwesenheit als Herr der Grafschaft vertreten und seine Familie beschützen solle. Adele fühlte sich dabei nicht wohl und bat ihren Gatten, lieber einem anderen Ritter dieses Amt zu übertragen. Sie empfahl ihm dazu den jungen lothringischen Junker Walther, der ihr aus der Heimat an den Hof des Gatten gefolgt war. Ob es gerade diese Empfehlung war, die den Grafen misstrauisch machte, oder ob er dem jungen Mann nicht die zu diesem Amt nötigen Fähigkeiten zutraute, Graf Adolf wies dieses Ansinnen entschieden zurück. Die Gatten trennten sich das erste Mal seit ihrer Vermählung in Missstimmung. Kurz nach der Abreise ihres Gatten verließ der junge Walther ebenfalls die Burg, um einen Auftrag des Grafen zu erfüllen, der eine jahrelange Entfernung erwarten ließ. Da konnte Adele nicht mehr zweifeln, dass ihr Gatte Misstrauen geschöpft und den Junker absichtlich fortgeschickt hatte. Jetzt war sie mit ihren Söhnen schutzlos dem Burgvogt überlassen. Sie lebte freudlose Tage und suchte nur im Gebet und der Erziehung und Pflege ihrer Söhne Zerstreuung. Bald nahm Conrad seine Maske ab. Er hatte schon früher glühende Blicke auf sie geworfen, weshalb sie schon längst eine starke Abneigung gegen ihn hegte. Rasch wurde er kühner und wagte es schließlich sogar, ihr seine Liebe zu gestehen. Sie wies ihn entschieden zurück und drohte ihm auch, wenn er damit fortführe, ihrem Gemahl bei seiner Rückkehr alles zu erzählen; allein, sie hoffte vergeblich auf die Rückkehr des Gatten. Das zweite Jahr brach an und ihr Gemahl schrieb, er müsse auch noch im kommenden Sommer dem Heerbann des Kaisers folgen. Zu ihrem Trost kehrte wenigstens der treue Walther von seiner Reise zurück und sie konnte ihm die Aufsicht ihrer Söhne anvertrauen. Der schlimme und untreue Burgvogt gab aber darum seine frevelhaften Pläne nicht auf. Er hoffte, diese dadurch ins Werk setzen zu können, dass er eines sonst nur dem Ehegatten bekanntes Geheimnis Adeles zufällig kundig geworden war.

Adele trug nämlich seit ihrer Geburt an ihrem sonst schneeweißen Halse ein Muttermal in Form und Farbe einer aufgeblühten roten Rose. Aus weiblicher Eitelkeit hatte die Gräfin bisher vermieden, sich von ihren Dienerinnen ankleiden oder ausgekleidet sehen zu lassen. Eine dichte Krause von selbstgewobenem Linnen um den Hals, die sie nie ablegte, verdeckte das Mal, sodass nur ihre Eltern und der Gemahl von dem Geheimnis wussten. Der tückische Burgvogt jedoch vermutete längst etwas Derartiges. Da er von Kindheit an im Schlosse aufgewachsen und mit allen geheimen Türen und Schlupfwinkeln darin vertraut war, gelang es ihm, durch einen nur ihm bekannten Zugang in das Schlafzimmer der Gräfin zu kommen, während diese gerade im Nebengemache vor ihrem Betaltar kniete und um die baldige Rückkehr ihres Gemahls betete. Weil sie sich allein glaubte, hatte sie die lästige Halsbedeckung abgelegt. Auf einem Tisch hatte Adele ihren Verlobungsring liegen. Diesen ergriff der Versucher und trat, den entwendeten Ring vorzeigend und auf das Mal am Halse deutend, vor sie hin und drohte ihr, diese Merkmale als Beweise ihrer Untreue gegenüber ihrem Gemahl zu verwenden, falls sie sich nicht gegen ihn freundlicher zeigen würde. Die Gräfin aber rief unerschrocken mit lauter Stimme dem Frevler zu, er möge sich augenblicklich entfernen, wenn er sich nicht der Entlarvung seiner unehrenhaften Absichten aussetzen wolle.

Walther, der mit den jungen Grafen im Schlossgarten gewesen war, hatte das laute Aufschreien seiner Herrin vernommen und eilte daraufhin mit einer Axt, die ihm zufällig zur Hand war, herbei, schlug die von Conrad verriegelte Türe ein und kam noch zur rechten Zeit der Gräfin zu Hilfe. Schon wollte er den Verbrecher niederstrecken, da hielt die Gräfin seinen Arm auf und gebot Conrad, auf der Stelle das Schloss zu verlassen und sich nie wieder daselbst oder im Lande blicken zu lassen. Der Burgvogt hatte nichts Eiligeres zu tun, als ihrem Befehl zu folgen, und war bereits außerhalb des Burgfriedens, als ihr einfiel, dass er ihren Ring mitgenommen hatte und dass infolge der Drohungen, die er zuvor ausgestoßen hatte, von ihm das Schlimmste zu befürchten sei, denn außer Walther hatte sie keinen Zeugen für sein frevelhaftes Verhalten. Sie wusste, dass dieser ihrem Gatten gegenüber nur ein schlechter Vertreter ihrer Unschuld sein könne, dass im Gegenteil die Beweise, die Conrad gegen sie in Händen hatte, wohl geeignet wären, ein dem Argwohn geöffnetes Gemüt zu täuschen. Gleichwohl beschloss sie, den treuen Walther mit der Nachricht über das, was vorgefallen war, an ihren Gemahl zu senden und mit der Bitte, sie nicht länger schutzlos alleine zu lassen. Sie hatte dabei aber nicht mit der Tücke des Burgvogts gerechnet, in dessen Plan es unmöglich liegen konnte, dass der Graf von seinem Frevel erführe. Deshalb hatte Conrad die Gegend nicht sofort verlassen, sondern sich an der Grenze versteckt, dazu noch Leute zu finden gewusst, die ihn von allem, was dort geschah, in Kenntnis setzten. So erfuhr er, dass der Junker Walther zum Grafen Adolf geschickt werden sollte. Conrad lauerte an einer Stelle im Walddickicht, an der der Junker vorbeikommen musste, und als der auch bald, nichts Böses ahnend, dahergeritten kam, schoss er ihn mit einem wohlgezielten Armbrustschuss vom Pferd. Dann eilte er mit tückischem Frohlocken dem Kaiserlichen Feldlager zu, wo er seine teuflische Rache nach einem wohlüberlegten Plane zu vollenden hoffte. Er traf den Grafen an und erzählte ihm von der angeblichen Ursache seiner Ankunft auf folgende Weise:

Er habe mit dem Junker Walther beim Becher Wein gesessen und wie dann die heitere Weinlaune das menschliche Herz zu Mitteilungen, die sonst wohl verschwiegen würden, geneigt zu machen pflege, habe ihm derselbe anvertraut, dass ihm die Abwesenheit seines Herrn gut gefiele, denn jetzt könne er sein unkeusches Verhältnis mit Adele, welches er schon in Lothringen mit ihr begonnen hatte, ungestört fortsetzen. Es freue ihn, dass der Graf die zwei Söhne, deren eigentlicher Vater doch er sei, für seine eigenen Kinder halte und er somit einst die Freude haben werde, diese unehelichen Bastarde als regierende Fürsten zu sehen. Als er an der Wahrheit des Erzählten zweifelte, habe Walther, um zu beweisen, dass seine Behauptung keine Prahlerei sei, ihm das Geheimnis mit dem Muttermal offenbart und ihm auch einen von der Gräfin erhaltenen Ring vorgezeigt. Da habe er nicht länger umhinkönnen, die Sache für wahr zu halten, habe aber gemeint, im Sinne seines Herrn zu handeln, wenn er den frechen Buhler erschlage. Dies habe er auch sofort getan, ihm den Ring abgenommen und sich dann auf der Stelle aufgemacht, seinen Herrn im kaiserlichen Lager aufzusuchen, weil er natürlich jetzt die Rache der Gräfin für den Tod ihres Liebhabers zu fürchten habe.

Zwar kamen dem Grafen während Conrads Erzählung einige Zweifel, allein, die ihm vorgelegten Beweise sprachen vermeintlich so klar für die Wahrheit des Erzählten, dass er vollständig von der Treulosigkeit seiner Gemahlin überzeugt wurde und nichts mehr wünschte, als seine Ehre im Blut der Ehebrecherin reinzuwaschen. Darum hielt er es auch nicht eine Stunde länger im kaiserlichen Lager aus. Er bestieg sein bestes Ross und ruhte nicht eher, als bis er die Türme seines Stammschlosses wieder vor sich sah. Seine edle Gemahlin hatte es sich zur Gewohnheit gemacht, in der Früh und abends einen kleinen Rosengarten zu besuchen, den ihr der Gemahl hatte angelegen lassen, weil er schon als Bräutigam ihre leidenschaftliche Vorliebe für diese herrlichen Blumen gekannt hatte. In ihrer Heimat hatte sie dafür bereits den Namen der »Rosenprinzessin« und »Rosenwärterin« bekommen. In diesem Gärtchen befand sich auch eine Nische mit dem Bild der Mutter Gottes und hier betete sie täglich für ihren abwesenden Gemahl. Auch an diesem Abend hatte sie sich aufgemacht, um einsam an der heiligen Stätte seiner zu gedenken und für ihn und ihre Kinder zu beten. Wie sie auf den Knien lag, da kam es über sie wie ein seliger Traum und sie sah sich wie früher an der Brust ihres Gemahls und fühlte im Geiste seinen Kuss und vergaß darüber die Gegenwart vollständig. Doch ihr Adolf war nicht fern, sondern stand dicht hinter ihr. Sein böser Geist spiegelte ihm vor, dass seine Gemahlin in dieser Stunde nicht an ihn denke, sondern zur Heiligen Jungfrau um baldige Rückkehr ihres Geliebten bete. Er zog in rasender Leidenschaft das Schwert und hieb damit von hinten in den Nacken der Betenden, sodass er das verborgene Muttermal mitten durchschnitt und den Kopf vom Rumpf trennte. Ohne einen Laut von sich zu geben stürzte sie nieder, der Graf aber vermochte sein Opfer nicht anzusehen, sondern eilte ins Schloss. Dort kamen seine beiden Kleinen ihm froh entgegen. Doch er stieß sie grob von sich und befahl dem Ritter von der Aue, diese Brut der Schande und Sünde im Walde den Bären und Wölfen zum Fraß auszusetzen. Mit höhnischer Schadenfreude vollzog derselbe den Befehl seines Herrn und führte die Kinder in das wildeste Walddickicht, wo er sie ihrem Schicksal überließ.

Den Leichnam der Gräfin bargen die Burgleute weinend aus den blutbesudelten Rosen, legten ihn in einen harten Sarg und trugen ihn still zu Grabe. Der Graf hatte sich in sein Gemach eingeschlossen und hing düstern Gedanken mit reueerfülltem Herzen nach. Es kam die Nacht, doch der Graf bemerkte in seiner Verzweiflung nichts davon. Erst das unheimliche Geschrei der Eulen, welche um die Turmfenster flogen, und das ängstliche Heulen der Hunde im Schlosshofe erinnerten ihn daran, dass die Mitternachtsstunde nah sei. Da sprang, gerade als die Glocke zwölf schlug, die Tür seines Zimmers von selbst auf. Herein trat eine weibliche Gestalt ohne Kopf. Am Hals leuchtete eine halbdurchschnittene Rose und das blendendweiße linnene Gewand war mit dunklen Blutflecken bespritzt. Der Graf glaubte zu träumen, allein, das kopflose Weib kam immer näher. Obgleich es im Zimmer finster war, leuchtete doch das durchgeschnittene Rosenmal so hell, dass er alle Gegenstände unterscheiden konnte. Er wich entsetzt zurück, um dem Gespenst zu entfliehen. Das schien sich jedoch nicht um ihn zu kümmern, sondern schwebte leise in das Nebengemach, wo die Bettchen der jungen Gräflein standen, und tat, als ob es dieselben suche und mit ihnen kosen wolle. Da es aber die Schlafstelle mit den Händen untersuchte und leer fand, erschrak es, setzte sich auf eins der Betten und stöhnte, faltete dabei die Hände wie zum Gebet und blieb, bis die Morgendämmerung heranbrach.

Am andern Morgen fanden die Diener den Grafen wie in Schweiß gebadet bewusstlos am Boden liegen. Auch Conrad schlich bleichen Antlitzes einher, als wenn ihm ebenfalls etwas Schlimmes begegnet sei. Der Graf erzählte ihm sein nächtliches Gesicht und Conrad gestand, dass ihm der Geist des Lothringischen Junkers erschienen sei. Doch was er ihm gesagt hatte, darüber erzählte er nichts. Schließlich riet man dem Grafen, einen Mönch rufen zu lassen, ihm das Vorgefallene zu erzählen und in dessen Gesellschaft bei frommem Gebet die nächste Mitternachtsstunde auf die Widerkehr der Erscheinung zu warten. So geschah es: Der Graf, Conrad und der ehrwürdige Schlossgeistliche saßen beisammen, als die Mitternacht nahte, in demselben Gemache und harrten der Dinge, die da kommen sollten. Kaum hatte die Glocke zwölf geschlagen, da sprang abermals die Tür auf und herein kam dieselbe weibliche Gestalt. Sie ließ sich auch von dem Pater, der sich ihr mit frommen Beschwörungen in den Weg stellte, nicht verscheuchen. Vielmehr trat sie in das Nebengemach und stöhnte und weinte wie am Tage zuvor.

Der Pater aber sprach: »Das ist kein böser Geist. Sie sucht ihre Kinder und betet – das ist nicht die Art der Verdammten.« Conrad wollte angsterfüllt aus dem Zimmer eilen, doch trat ihm eine zweite Schattengestalt in den Weg. Alle erkannten trotz des bleichen und blutigen Antlitzes den treuen Walther. Dieser aber forderte den entsetzten Bösewicht mit lauter Stimme auf, sein Verbrechen und die Unschuld der Gräfin zu bekennen. Er solle den Grafen bitten, seine vertriebenen rechtmäßigen Söhne aufzusuchen, damit sein Haus nicht untergehe. Da sank Conrad zerknirscht zu Boden, der Geist verschwand und der Graf rief seine Knappen und befahl ihnen, den Burgvogt, obwohl er noch nichts gestanden hatte, ins tiefste Burgverlies zu werfen. Er selbst aber gab sich der vollen Verzweiflung über das, was er getan hatte, hin. Als der Tag heranbrach, eilte er hinab in den Rosengarten, um dort Trost zu finden. Als er aber alle Rosen wie von giftigem Tau getroffen, mit gesenkten Kelchen und purpurroten Tropfen auf den schneebleich gewordenen Blüten sah, eilte er wie von Furien gejagt ins Schloss zurück. Um Ruhe zu bekommen, beschloss er auszureiten, allein, als er zu seinen Rüstungen trat und sein Auge auf den Heerschild fiel, da sah er das Wappen seines Hauses, die drei silbernen Zepter, von einem großen Blutfleck bedeckt. Er bemühte sich vergeblich, die Verschmutzung wegzuwischen. Es gelang weder ihm noch seinem herbeigerufenen Knappen. Um das Maß seiner Verzweiflung vollzumachen, ließ sich ein fremder Mönch bei ihm melden, der ihm eine wichtige Nachricht zu bringen habe. Derselbe erzählte, er habe vor einigen Wochen einen lothringischen Junker Namens Walther zum Tode verwundet auf der Heerstraße liegend gefunden. Dieser habe ihm gebeichtet und eine schreckliche Geschichte von dem Frevel seines Burgvogtes erzählt und ihn um seiner Seele Heil gebeten, sich aufzumachen und die letzten Worte eines Sterbenden dem Grafen, der im kaiserlichen Feldlager weile, zu hinterbringen. Dies habe er auch getan, den Grafen aber dort nicht mehr angetroffen. Er sei ihm also hierher nachgeeilt, doch leider zu spät gekommen, um das Unglück zu verhindern. Er könne also jetzt weiter nichts tun, als den Grafen von der Unschuld der gemordeten Gattin zu überzeugen.

Wie vom Blitz getroffen sank der Graf auf seine Knie. Bald aber raffte er sich auf und befahl, Conrad zwischen räudige Hunde gebunden und mit Steinen beschwert, in einen Sumpf zu versenken. Er selbst eilte von des Wahnsinns Nacht umschattet aus dem Schloss und rief in den Wäldern laut die Namen seiner Gattin und seiner Söhne, als ob er sie zu sich rufen wolle. Er tobte unaufhaltsam fort, bis er endlich spät am Abend von Dornen zerfetzt, blutend und todesmatt auf den Boden sank, um in wilden Träumen alle Schrecknisse wieder zu schauen, die er am Tage erlebt hatte. Er sah sich zuerst umgeben von blutigen Leichen ohne Haupt und von allen Schrecknissen der Hölle. Dann aber trat auf einmal ein freundlicher Engel in lichter Frauengestalt an ihn heran, trocknete ihm den Schweiß von der heißen Stirn und rief ihn mit der Stimme seiner gemordeten Gattin bei seinem Namen. Die Gestalt hatte auf einmal nicht mehr das Aussehen eines blutigen Gespenstes, sondern es war seine Adele ganz so, wie er sie als seine Braut heimgeführt hatte. Nur die Rose an ihrem Hals war verschwunden. Sie aber beugte sich über ihn, küsste ihn und sprach: »Adolf, ich habe dir vergeben und auch der Himmel wird dir deine Verblendung verzeihen. Nimm diese zwei Rosenknospen. Die eine ersprieße zu deinem Ebenbilde, diese andere aber sei einzig dem Himmel geweiht!«

Bei diesen Worten erwachte er, sah die Gestalt seiner Gemahlin in nebligem Duft zerfließen, doch in seiner Hand hielt er zwei Rosenknospen und neben ihm schlummerten sorglos seine beiden Söhne. Er aber konnte wieder weinen und beten und anstelle wilder Verzweiflung fühlte er tiefe Reue und Wehmut. Als er sich vom Gebet erhob, erwachten seine Kinder und erzählten ihm, ihr Mütterlein sei stets bei ihnen gewesen und habe die wilden Tiere von ihnen fortgescheucht. Sie habe ihnen Waldbeeren und süße Früchte gebracht. Nun aber sei sie auf einmal fortgegangen und habe zuvor gesagt, dass sie nicht mehr wiederkommen werde. Sie müssten zu ihr kommen in ihr Rosengärtlein, doch erst nach langer, langer Zeit. Da weinten sie bitterlich. Ihr Vater hob sie auf seinen Arm, tröstete sie und sprach: »Lobet Gott den Herrn, denn er ist euer bester Vater. Er hat euch erhalten und genährt, nachdem euer irdischer Vater euch verstoßen hatte. Aber jetzt will ich wieder euer Vater sein und euch hegen und pflegen bis an mein Ende. Dich, Adolf, meinen Erstgeborenen, will ich zu einem wackeren Ritter bilden und dir mein Land und meine Untertanen übergeben. Denen sollst du ein starker Schild sein. Dich, Bruno, will ich dem Himmel weihen, du sollst des Heilands Lehre verkünden und die reuigen Sünder wiederum auf die rechte Bahn führen. Das hat mir eure Mutter, die jetzt im himmlischen Rosengärtlein weilt, befohlen.«

Er kehrte mit den ihm wiedergeschenkten Söhnen in sein Schloss zurück, ließ die Leiche seiner unglücklichen Gemahlin ausgraben, sie mit aller Feierlichkeit in der Schlosskapelle beisetzen und ihre Unschuld wie seine Reue in all seinen Ländern verkünden. Dann tat er schwere Bußen und Gelöbnisse, machte fromme Stiftungen und baute in dem Wald, an der Stelle, wo er seine Söhne wiedergefunden hatte, eine kleine, der Mutter Gottes geweihte Kapelle, wo er täglich Seelenmessen zum Gedächtnis Adelens und des treuen Walther lesen ließ. Dies war die Marienkapelle an der Dhün, an die das spätere Kloster im Thale (1145) erbaut wurde. Als sie zerfallen war, errichtete man sie im Jahre 1240 wieder neu.

Der Blutfleck auf den Wappenschildern der Bergischen Grafen war zwar mit der Erscheinung der versöhnten Adele verschwunden, doch die silbernen Zepter kamen nicht wieder zum Vorschein. Auf reinem Silbergrunde hatte sich eine rote Rose gebildet, die fortan das Wappen von Berg blieb, auch von Altena und Isenburg, bis zwei Jahrhunderte später durch eine Blutschuld diese Wunderrose mit einem Löwen vertauscht wurde. Dem Beispiel Adolfs aber, der den jüngeren

Sohn dem Himmel weihte, folgten auch seine Nachkommen, weil die Sage ging, das glorreiche Grafenhaus werde nimmer erlöschen, solange ein Zweig desselben als geweihter Priester Gottes für dessen Heil am Altar bete. Dies wurde treulich eingehalten, bis der letzte Geistliche aus diesem Stamme, Engelbert Erzbischof von Köln, im Jahr 1225 durch seinen Vetter Friedrich von Isenburg erschlagen wurde, worauf der gräfliche Stamm und die Rose erloschen und das Land an den Limburgschen Nebenzweig fiel. Auch dieser blühte lange fort, von Conrad dem Bischof von Münster († 1300) an bis auf Johann Wilhelm, den Probst in Xanten, der jedoch den geistlichen Stand verließ und sich, nachdem er sich vermählt, zum Herzog machte. Mit ihm erlosch im Jahre 1609 die letzte Bergische Fürstenlinie.

❦ ❦ ❦

Die Burg Altena (siehe Bildtafel XV), auf einem Bergsporn des Klusenbergs gelegen, wurde von den Brüdern Adolf und Everhard von Berg errichtet, nachdem sie das Land von Kaiser Heinrich V. für treue Dienste erhalten hatten. Belegt ist dies nicht, als eine der Legenden zur Entstehung der Burg jedoch erhalten. Später wechselten die Grafen auf den Oberhof Mark bei Hamm und nutzten die Burg lediglich zeitweise. Ab 1392 war sie nur noch Amtsmannssitz. Weitere Sagen um die Entstehung der Burg Altena sind in meinem Buch Sagen und Legenden des Mittelalters, *ebenfalls im Regionalia Verlag erschienen, enthalten.*

Der vornehme Gefangene auf Burg Blankenstein

Im Jahre 1478 begab sich der Erzbischof Robert von Köln nach Werden an der Ruhr, um von dort weiter nach Westfalen zu reisen. Als er mit seinem Gefolge in die Nähe von Heisingen kam, überfiel ihn in einem dichten Walde der Landgraf von Hessen mit seinen Mannen. Der Erzbischof unterlag der Übermacht und wurde gefangengenommen. Seine treuen Begleiter wurden erschlagen, er selbst blutete aus vielen Wunden. Der Landgraf brachte ihn auf die Burg Blankenstein und ließ ihn dort in das tiefe Turmverlies werfen. Zwar genas der Erzbischof und seine Wunden heilten, doch lag er in einem dumpfen, feuchten Kerker und hatte keine Hoffnung, jemals wieder herauszukommen. Sein Kerkermeister,

Ritter Johann Stecke, war zur Zeit Drost von Blankenstein. Er hütete den Gefangenen im Auftrage seines Herrn und ließ niemandem zu ihm.

Er besaß aber eine Tochter mit Namen Romeliana. Sie war ein frommes, gutes Mädchen und hatte Mitleid mit dem unglücklichen Kirchenfürsten. Oftmals ging sie abends zum Verlies und warf dem Erzbischof vom Mund abgesparte Leckerbissen durch das Fenster. War ihr strenger Vater ins Ruhrtal hinabgeritten, so besuchte sie den Gefangenen und versuchte, ihn über sein Schicksal zu trösten. Diese Herzensgüte wusste der ehrwürdige Erzbischof nicht anders zu danken, als dass er die Hände segnend auf das Haupt der frommen Romeliana legte und den Segen des Himmels auf sie herabflehte.

Der schon alte Drost von Blankenstein, Ritter Johann Stecke, wurde heftig von der Gicht geplagt. Wenn die Schmerzen kaum auszuhalten waren, erinnerte ihn seine Tochter, die ihn getreulich pflegte, an das Schicksal seines unglücklichen Gefangenen. Nach vielen Bitten seiner Tochter ließ sich der Ritter herbei, dem Erzbischof Erleichterungen zu gewähren. Er durfte auf dem Burghofe umhergehen. Dort ließ er seine sehnsüchtigen Blicke in die Ferne schweifen, aus der er vergeblich Erlösung erhoffte. Auch gestattete ihm der Ritter, in der Burgkapelle seine Andacht zu verrichten. Leider währten diese Annehmlichkeiten nicht lange, denn der Ritter starb im Jahre 1485 und seine Tochter verließ die Burg, um in das Jungfrauenkloster nach Elsey bei Hohenlimburg zu gehen.

Der nachfolgende Drost von Blankenstein, Ritter Cracht von Milendunck, war ein arg strenger Kerkermeister und verfuhr gegen den Erzbischof Robert mit aller Härte. Der Besuch der Burgkapelle wurde ihm nicht mehr gestattet, genauso wenig wie der Ausgang auf dem Burghof. Der Erzbischof musste wieder in dem engen Turmverlies ausharren. Nicht mehr lange ertrug der unglückliche Kirchenfürst diesen Zustand. Schon nach kurzer Zeit erlöste ihn ein sanfter Tod aus dem schrecklichen Gefängnis. Auf dem nahen Friedhof fand er vorläufig seine Ruhestätte, bis man seine Gebeine nach vielen Jahren mit großem Pomp nach Köln überführte.

⚜ ⚜ ⚜

Auch die Höhenburg Blankenstein bei Hattingen gehörte im 13. Jahrhundert dem Grafen Adolf I. von der Mark, wie Burg Altena, Burg Wetter und Burg Volmarstein. Verwalten ließ der Graf Burg Blankenstein durch Droste. Einen Erzbischof Robert, wie die Sage erzählt, gab es nicht. Zu der beschriebenen Zeit amtierte in Köln Rup-

recht von der Pfalz (1427–1480). Nach anfänglich guter Regierung versuchte dieser, durch außenpolitische Aktivitäten die Position des Erzbistums zu stärken. Dabei verstritt er sich mit den Ständen, dem Domkapitel und zuletzt auch mit dem Kaiser. Im März 1478 geriet er in hessische Gefangenschaft und wurde auf Burg Blankenstein gefangengehalten, wo er 1480 starb.

Der Herr der Wewelsburg

Auf der Wewelsburg bei Paderborn hauste vor langen Jahren ein böser, grausamer, wollüstiger Ritter. Er plagte die Bauern bis aufs Blut, schändete ihre Töchter und Frauen und plünderte die Krämer, die mit ihren Waren auf der Landstraße daherkamen. Zwar mahnte ihn sein frommer Burgkaplan täglich, er solle sein gottloses Leben lassen, sich bekehren und Gott um Vergebung für seine Missetaten bitten, doch es war immer umsonst. Als der Kaplan dem Ritter einmal, nachdem dieser abermals eine tugendhafte Jungfrau fast vor den Augen des Priesters zu seinem Willen gezwungen hatte, direkt erklärte, er wolle nicht länger in diesen unheiligen Mauern weilen, und sich anschickte, die Burg zu verlassen, da ließ ihn der wütende Burgherr ergreifen und binden und schwor ihm, er würde seinen Willen nicht bekommen, sondern dann eben tot im Schlosse bleiben, wenn er es lebendig nicht mehr wolle. Dann erdrosselte der Ritter ihn mit eigenen Händen an der Pforte der Kapelle. Grässlich lachend setzte er sich anschließend mit seinen Kumpanen zur schwelgerischen Tafel und vertrank mit denselben die Erinnerung an die vollbrachte Schandtat. Endlich taumelte er auf sein Lager. Als aber die Turmuhr Mitternacht schlug, schwebte von der Kapelle über den Hof her ein nebelhafter Schatten zur verschlossenen Pforte herein. Es war der Geist des ermordeten Priesters. Dieser glitt durch die langen Gänge bis an das Schlafzimmer des Burgherrn. Die schwere verschlossene Tür sprang von selbst auf und der Geist näherte sich dem Bett des Schlafenden. Dieser fuhr aus dem Schlaf hoch und sprang erschrocken auf. Da erwachten auch alle anderen im Schloss, weil ein Geräusch und Getöse, ein Wimmern und Heulen wie von zwei um ihr Leben Ringenden laut wurde. Niemand jedoch wagte es, sein Zimmer zu verlassen. Es wurde nach und nach leiser und mit dem Schlage eins war alles vorüber. Als man bei Tagesanbruch den Ritter wecken wollte, da sah man ihn mit umgedrehtem Genick tot am Boden liegen. Sein Gesicht war eine verzerrte Fratze, sodass man ihn kaum mehr erkannte. Auf dem Friedhofe der Wewelsburg fand man aber am selben Tag einen frischen Grabhügel, den keiner aufgeworfen haben wollte. Darin hatte sich der fromme Kaplan selbst gebettet.

⸎ ⸎ ⸎

Erste Bauten entstanden bereits im 9. Jahrhundert. Im Jahr 1123 stellte Friedrich von Arnsberg eine neue Burganlage fertig, doch bereits im Jahr 1124 wurde sie von den Bauern des benachbarten Dorfes, die sich damit für die harte Unterdrückung rächten, wieder zerstört. Das Gebäude, wie es heute zu sehen ist (siehe Bildtafel IV, unten), entstand Anfang des 17. Jahrhunderts. Von 1934 bis 1945 war die Wewelsburg an die SS vermietet. Diese ließ auch bauliche Veränderungen an der Anlage vornehmen, um diese ihren Vorstellungen anzupassen. Dafür wurde in der Nähe ein Konzentrationslager errichtet, das bis 1943 bestand. Im März 1945 wurde die Burg auf Befehl Himmlers gesprengt.

Der Teufelsweg auf Falkenstein

Hoch oben im Taunus liegt auf einem steilen Berg die Burg Falkenstein, die der damals mächtige Herr von Falkenstein bewohnte. Es war nicht leicht hinaufzukommen, denn es gab keinen guten Weg durch das Felsgestein. Der Ritter Kuno von Sayn warb um die Tochter des Burgherrn, doch der lehnte diese Werbung höhnisch ab. Wenn es dem Bewerber gelänge, die Felsenzacken vor der Burg zu einem reitbaren Weg zu machen, nur dann sollte er seine Tochter zur Gattin bekommen. Der Falkensteiner wusste, dass er Unmögliches verlangte. Tausend Hände hätten dies an dem harten Felsgestein nicht zu vollbringen vermocht. Kuno von Sayn verließ die Burg traurig und zog mit einem Kreuzzug in das Heilige Land. Er focht tapfer gegen die Sarazenen, suchten dabei den Tod, fand ihn aber nicht. Als er endlich in die Heimat zurückkehrte, hatte er seine Minne immer noch nicht verloren. Er irrte heimlich um den Falkenstein herum und hätte gerne gewusst, wie es seiner Geliebten erging. Er starrte auf die Felszacken und sagte: »Nur Zauber kann diese Aufgabe vollbringen«. Da hörte er seinen Namen rufen. Wie er sich umschaute, kletterte ein Erdmännchen in brauner Kutte, eisgrau und mit verschrumpeltem Gesicht, aus einer Felskluft heraus. Es stemmte die kleinen Fäuste in die Seiten und sprach: »Kuno von Sayn, was störst du unsere Ruhe? Willst du diese Felsen zum Wege gebaut sehen? Willst du die Erbtochter vom Falkenstein, die droben noch einsam um dich trauert, sich nach dir sehnt, dein nennen? Dann gelobe nur eins und schwöre, es zu halten.« *Was kommt jetzt*, dachte Kuno bei sich. *Muss ich meine Seele etwa dem Bösen verschreiben?* Doch schon sprach das Männlein weiter: »Gib mir dein ritterliches Wort, dass du bereits morgen alle die Gruben, Schächte und Stollen, die du in den Berg hast graben lassen, um Erz und Silber zu gewinnen, zuschütten lassen wirst. Wir könnten sie ohnedies, so wir wollten, ersäufen. Wenn du das allerdings tust, so wollen wir in heutiger Nacht noch die Felsen ebenen, dass du, wenn du getan, was ich wünsche, am lichten Tag hinaufreiten und den Falkensteiner an seine Zusage mahnen kannst.«

Hocherfreut sagte Kuno zu. Als es Nacht geworden war, regte sichs wunderlich um die Burg. Es krachte, polterte, hackte und es schaufelte: Tausend kleine Berggeister – obschon zwergenhaft gestaltet, doch mit Riesenkraft begabt – förderten das versprochene Werk; und als der Hahn am Morgen krähte, war es vollbracht. Als die Sonne hinter dem fernen Wald aufstieg, da ritt Kuno von Sayn den neuen Weg und ließ sein Horn erschallen. Der Wächter auf dem Turme des Falkenstein wunderte sich nicht wenig, aber noch mehr der Falkensteiner. Aber er freute sich auch über den solange ersehnten Weg, hielt sein Wort und vereinigte die Liebenden. Der Ritter Kuno von Sayn hielt gleichermaßen sein Wort, das er dem Zwerg gegeben, und ließ die Schächte, darin er nach Silber hatte graben lassen, zuweisen. Der Felsenpfad, den die Erdgeister bahnten, heißt heute noch »Teufelsweg«. Er zieht sich von unten an der westlichen Seite des Berges, wo die Berggeister hausen, hinauf zur Burg.

🕷 🕷 🕷

Die Burg Falkenstein im Taunus, unweit von Königstein, stammt aus dem 14. Jahrhundert. Erstmals erwähnt wurde sie im Zusammenhang mit der Falkensteiner Fehde, die die Linie Falkenstein deutlich schwächte. Ab Ende des 14. Jahrhunderts war sie nicht mehr im Besitz dieser Adelsfamilie. Nach dem Dreißigjährigen Krieg verlor die Burg an Bedeutung. Sie wurde zwar noch bis in das 18. Jahrhundert hinein bewohnt, danach jedoch allmählich abgebrochen. Das heute sichtbare Eingangstor ist bereits eine Rekonstruktion.

Der durchlöcherte Harnisch

Gegen Ende des 15. Jahrhunderts lebte auf der Burg Eltz die schöne Agnes, die Tochter des Burggrafen. Die war schon in der Wiege mit dem Junker von Braunsberg verlobt worden. Aber als sie sich, beide alt genug, um heiraten zu können, endlich trafen, da wollte es mit der Liebe zueinander nicht passen. Der junge Mann wollte von der Bestimmung nicht ablassen, war aber nicht bereit, sich durch sittsames Betragen und zarte Werbung die Liebe zu verdienen. Im Beisein der ganzen Familie forderte er eines Tages einen Kuss von der ihm verlobten Jungfrau, die ihm diesen aber schamhaft verweigerte. Unter Gelächter verließ der junge Braunsberg wütend das Schloss Eltz. Er kündigte nicht nur die Verlobung auf, sondern schickte sogar einen Fehdebrief. Nach einigen Kampfhandlungen drang der junge Braunsberg bis in den Burgfried von Eltz vor. Da trat ihm an der Spitze der Besatzung ein Jüngling in Harnisch und mit geschlossenem Visier entgegen. Ein Schuss aus der Pistole Braunsbergs traf ihn mitten ins Herz. Es war aber kein Jüngling, sondern die einstige Braut. Sieger der langen Fehde waren schließlich die Eltzer.

☙ ☙ ☙

Die Höhenburg Eltz stammt aus dem 12. Jahrhundert. Etwas oberhalb der Anlage ist die Ruine einer weiteren Burg zu erkennen. Sie wird Trutzeltz genannt und stammt aus der Zeit, als der Burgherr eine Auseinandersetzung mit dem Bischof von Trier hatte (1331–1336). Diese »Eltzer Fehde« fand erst ihren Abschluss, als diese Belagerungsburg gebaut wurde. Die Sage selbst ist nicht durch Dokumente zu verifizieren, aber es ist belegt, dass bei der Belagerung der Burg der erste nachweisbare Einsatz von Feuerwaffen in Deutschland stattfand.

Die Braut von Burg Rheinstein

Am linken Ufer des Rheins nahe Bingen thront auf einem hohen Felsen zwischen waldigen Höhen die Burg Rheinstein. Etwa eine halbe Stunde entfernt, bei dem Dörfchen Trechtingshausen, liegen am Hang des Gebirges die Trümmer der alten Veste Reichenstein. Zwischen beiden Burgen wird man in der

Burg Eltz: Auch diese Befestigungslage in der Eifel konnte niemals erobert werden.

mit Gesträuch und Bäumen bewachsenen Bergflur noch der Ruine eines Gotteshauses gewahr, das ehemals Clemenskirche hieß. In dieser Gegend soll sich eine Geschichte zugetragen haben, die eine Dichterin vor Zeiten in einer herrlichen Romanze besang.

Im zwölften Jahrhundert, so erzählt sie, lebte auf der Burg Rheinstein ein alter Ritter mit seiner schönen, tugendhaften Tochter Gerda. Nicht selten kam sein Nachbar, Ritter Kuno von Reichenstein, herübergeritten. Doch dessen Besuch galt weniger dem Vater, der ein mürrischer und eigennütziger Mann war, als der reizenden Jungfrau. Je öfter er sie sah, umso mehr wuchs die warme Liebe, die schon bei ihrem ersten Anblick in sein Herz geflossen war. Er fühlte bald, dass er ohne sie nicht glücklich werden könne. Kuno war seiner tapferen Taten, seiner Klugheit und unbescholtenen Sitten halber im ganzen Lande geschätzt. Außerdem hatte ihn die Natur mit männlicher Schönheit ausgestattet. Dies blieb nicht ohne Eindruck bei Gerda. Oft, wenn sie an einem sonnigen Tag in den einsamen Schatten des Burggartens wandelte oder beim sanften Mondschein aus dem Fenster ihres Gemachs auf die nächtliche Flur und die blinkenden Wellen des Stromes hinabsah, dachte sie mit leisem Seufzer daran, dass sie einem edlen Ritter wie ihm ihre Hand nicht versagen würde. Aber so rüstig und brav Ritter Kuno in Kampf und Turnier sich auch tummelte, so kühn und trotzig die Blicke waren, die er seinem Gegner zuwarf, bewies er doch stets in Gegenwart der Frauen eine ehrerbietige Schüchternheit und achtete genau auf alle Worte, die er mit ihnen sprach, um nicht im Entferntesten ihr Zartgefühl zu verletzen. Er ahnte wohl, dass er dem Fräulein Gerda nicht gleichgültig war, aber im Zweifel, ob es Wahrheit oder Täuschung sei, und aus Furcht vor einer abschlägigen Antwort hielt er noch immer sein Geständnis zurück.

Eines Tages, als er wieder nach Rheinstein kam und im Hofraum von seinem Pferd stieg, teilte ihm ein Knappe mit, dass der Burgherr abwesend und bei einer Fehde sei. Doch das Fräulein halte sich im Garten auf. Da Kuno es für schicklich hielt, sie auf einige Augenblicke zu begrüßen, ließ er sich von einer Zofe dorthin geleiten, die sich daraufhin wieder entfernte. Die Jungfrau saß in der blühenden Geisblattlaube, stand bei seinem Erscheinen auf und erwiderte freundlich seinen Gruß. Kuno ging eine Weile stumm an ihrer Seite unter den Baumreihen des Gartens umher. Sie dankte ihm dann für das schöne weiße Ross von limosinischer Zucht, das er ihr kürzlich als Gabe auf die Burg gesandt hatte, was ihr Vater bald durch ein anderes Geschenk vergüten würde.

»Oh, dessen bedarf ich nicht, edle Dame!«, rief er stolz. »Wenn es Euren Beifall findet, wenn dieses Ross Euch tragen darf, wird es stolz sein auf seine reizende Herrin und ich bin genug belohnt für diese kleine Gabe.«

Gerda senkte den Blick und schwieg. Als Kuno jedoch bald in steigender Glut, bald in trauriger Blässe wandelte und nur noch abgebrochene Sätze sprach, da erhob sie schüchtern ihre blauen Augen, die lieblich wie Vergissmeinnicht waren, und fragte in mitleidsvoller Unschuld:

»Ist Euch nicht wohl, Herr Ritter, oder habt Ihr etwas auf dem Herzen? Der Rat eines Weibes kann zwar selten einem Manne von Nutzen sein, doch werdet Ihr meine Teilnahme sicher nicht verschmähen.«

Da sank er, von starken Gefühlen überwältigt, auf ein Knie, fasste ihre Hand und gestand ihr seine Liebe. Tränen flossen über das Antlitz der schönen Maid, wie auf junge Rosen der Maientau. Nach einer langen Pause gab sie zur Antwort:

»Ihr seid mir sehr achtenswert. Ihr seid es allen, die Euch kennen. Ich glaube, mit Euch glücklich werden zu können.«

»Wie?«, rief er freudig überrascht. »So darf ich hoffen, darf Euren Vater bitten?«

»Ja!«, hauchte sie. »Ich bekenne, dass schon lange mein Herz Euch angehört. Auch mein Vater wird unserem Wunsche sicher nicht entgegenstehen; denn unter allen seinen Waffengefährten hat er Euch immer das größte Lob erteilt.«

Wie einer, der im rosenfarbigen Traum auf Zephirschwingen in elysische Fluren versetzt worden ist, stand der Ritter in übergroßer Freude vor seiner Geliebten. Er schloss sie glühend in die Arme und der erste himmlische Kuss besiegelte ihren Bund. »Lebt wohl indessen, meine Holde!«, rief er. »Bald, recht bald, sehen wir uns wieder!« Und er flog auf seinem Hengst nach Reichenstein zurück.

Kuno musste, dem vorgeschriebenen Brauch entsprechend, durch einen Freund oder Verwandten bei dem alten Herrn vom Rheinstein um seine Tochter werben lassen. Immer die Gesetze des Anstandes und der Pflicht auf das Gewissenhafteste befolgend, glaubte er, sich in dieser Angelegenheit an seinen Oheim Ritter Kurt, dessen Schloss einige Stunden entfernt lag, wenden zu müssen. Er ritt also am nächsten Morgen hin und trug ihm seine Bitte vor. Kuno hätte keine schlimmere Wahl treffen können, denn Kurt war tückisch, außerdem ein Freund von Schwelgerei und Wohlleben. Er war ganz das Gegenteil von seinem Neffen, der, außer den Waffenübungen und der Wildjagd, seine Freude und Erholung in der einsamen und frischen Natur der Höhen und Wälder, im Minnegesang und im Umgang mit gleichgestimmten Freunden suchte. Obwohl Kuno an der Lebensart seines Oheims kein Gefallen fand, zollte er ihm doch als seinem nächsten Verwandten stets die äußere Achtung. Auch verhielt sich Kurt freundlich gegen den Neffen, hasste ihn aber insgeheim, weil dieser Mann, dessen Gesinnung vollständig von der seinigen abwich, der alleinige Erbe seiner vielen und schönen Güter werden sollte. Er selbst war ledig und kinderlos. Vor einiger Zeit hatte Kurt den Herrn vom Rheinstein, den er früher nur wenig gekannt, zum ersten Mal auf seinem Schloss besucht. Dabei hatte er die schöne Gerda gesehen und war – nicht in reiner Liebe, sondern in wilder Leidenschaft, wie sie nur in dem Herzen eines verderbten Lüstlings möglich war – für sie entbrannt. Gleich hatte er den Plan gefasst, sie als Gattin heimzuführen. Zugleich hatte er Freude dabei empfunden, dass hierdurch dem altklugen Neffen alle Hoffnung auf sein reiches Besitztum geraubt würde. Als nun dieser, hiervon nichts ahnend, ihn um seine Fürsprache bei Gerdas Vater bat, mit dem Beifügen, dass er sich schon der Liebe des Fräuleins versichert habe, fühlte sich Herr Kurt wohl im Inneren ein wenig betroffen. In allen Verstellungskünsten geübt, sagte er jenem mit unbefangener Miene seinen Beistand zu und fand in diesem Auftrag gar eine Gelegenheit, den eigenen Zweck zu erreichen. Ritter Kurt eilte noch am selben Tag zur Burg Rheinstein und freite bei dem Alten um die Tochter. Nicht jedoch für den edlen Kuno, sondern für sich selbst.

»Ihr wisst vielleicht«, sagte er, nachdem sein Antrag vollendet war, »dass kein Edelmann im ganzen Lande so viel an Schlössern, Höfen, Wald, Feld und Herden besitzt wie ich. Außerdem habe ich mir noch einen reichen Schatz an Gold verdient. Es ist mir wohl bekannt, dass auch mein Neffe, der auf Burg Reichenstein sitzt, eine Neigung zu Eurer schönen Tochter fühlt. Allein sein Besitz ist nur mäßig und obschon er einst meine Güter erben wird, kann es damit noch lange währen, denn ich bin ein rüstiger Mann, auch im Alter nicht weit verschieden von ihm. Er ist zudem ein empfindsamer Schwärmer, der seine sonderbaren Launen hat. Niemals wird Eure Tochter mit ihm glücklich sein. Auf meiner Burg, Herr Ritter, soll sie schönere Tage genießen; denn ich bin im Stande, ihr allen Glanz und alle Freuden des Lebens zu schaffen.«

Da Geiz die vorherrschende Leidenschaft des Rheinsteiners war und Reichtum in seinen Augen weit mehr galt als Tugend und ruhmreiche Taten, bedachte er sich keinen Augenblick. Er wusste zwar, dass Kurt auf großem Fuße lebte, aber eben auch, dass er es sich leisten konnte, weil er an Mitteln genug besaß. Gerdas Vater gab ihm also zur Antwort:

»Der Antrag eines so reichen und angesehenen Ritters, wie Ihr es seid, ist mir ehrenwert. Doch alles, Herr, will überlegt sein. Was meine Tochter betrifft, kennt sie nur strengen Gehorsam. Sie wird und darf dem, was ich verlange, nicht widerstreben. Morgen erhaltet Ihr Kunde von mir.«

Der listige Verräter glaubte, dass er das Spiel gewonnen habe, und trat froh seinen Heimweg an.

Gerda, in jungfräulicher Zucht und Scham, hatte noch nicht gewagt, Kunos Erklärung und ihre gegenseitige Liebe dem Vater zu gestehen. Als er sie jetzt aus ihrem Gemach rufen ließ und ihr die Bewerbung des falschen Kurt mitteilte mit dem Wunsch, dass sie dieser zustimmen solle, da bebte sie, wie das zarte Lamm, das ruhig auf der blühenden Wiese geht und plötzlich den grauen räuberischen Wolf erblickt, der aus dunklen Gebüschen heranschleicht. Mit heißen Tränen gestand sie ihm, was gestern zwischen ihr und Kuno vorgefallen war, und bat ihn auf den Knien, doch ihren Bund nicht zu trennen. Der Reichtum des schwelgerischen Oheims habe keinen Wert für sie. Nur in stiller einfacher Häuslichkeit an der Seite jenes biederen, klugen und tapferen Mannes, dessen Sinn vollständig mit ihren Gefühlen übereinstimme, könne sie ihr wahres Glück finden. Das brachte den Vater aber in Zorn.

»Willst du nicht, dann lasse ich dich in ein Nonnenkloster sperren. Dort sollst du büßen für deinen Ungehorsam gegenüber deinem Vater.«

Gerda beschwor ihn beim Andenken ihrer zärtlichen Mutter, die ihr früh durch den Tod entrissen worden und deren sanftes und reines Herz auf sie übergegangen war. Doch nichts half. Der Vater blieb bei seinem eisernen Entschluss, gab ihr eine Stunde Bedenkzeit und entfernte sich mit harten Schritten.

Die unglückliche Jungfrau eilte zur Geisblattlaube des Gartens, wo der Bund ihrer Liebe geschlossen worden war. Hier betete sie und bat Gott, dass er sie aus dieser Not erretten möge. Sie fühlte im Innersten ihrer Seele, dass es kein Ungehorsam gegenüber dem Vater sei, wenn sie bei aller Ehrfurcht dessen ungerechten Willen nicht befolge. Ein milder Trost und die süße Hoffnung, er werde seine Meinung ändern und das einzige Glück seines Kindes nicht zerstören, kam in ihr Herz. Als sie den Burgsaal jedoch wieder betrat, da fuhr der Alte sie grimmig an mit der Frage: »Hast du dich besonnen?«

»Ja«, erwiderte Gerda bleich und zitternd, doch bestimmt, »ich habe meinem Geliebten Treue geschworen bis in das Grab und werde nie jenem Unhold, der, wie ich glaube, seinen Neffen schändlich betrogen hat, meine Hand reichen.«

»Fort auf deine Kammer!«, donnerte Rheinstein. Sie gehorchte, still in ihr Schicksal ergeben und noch vertrauend auf den gütigen Schutz einer höheren Macht. Der Vater ließ sie scharf bewachen, in der Meinung, ein solcher Zwang werde sicher ihren Sinn ändern. Am folgenden Tage sandte er Botschaft an den Ritter Kurt und meldete ihm, dass seine Tochter, nach jungfräulicher Sitte, um einige Tage Frist gebeten habe. Dann wolle sie sich erklären. Dies könne er ihr nicht abschlagen, doch gebe er sein Wort, dass alles zu des Bewerbers Gunsten ausfallen müsse.

Als der Ritter Kurt diese Nachricht erhielt, zweifelte er noch weniger als am vorigen Tag an der baldigen Erfüllung seines Wunsches. In diesem Moment suchte Ritter Kuno ihn auf, in der gespanntesten Erwartung, welche Kunde sein Oheim gebracht habe. Der gab erst ausweichende Antwort, aber auf sein dringendes Bitten hin erklärte er ihm endlich, dass er dem geizigen Alten zu wenig an Hab und Gut besitze und dieser keinem andern als einem sehr reichen Bräutigam seine Tochter zu überlassen geneigt sei. Traurig ritt der gute Ritter zurück zu seiner Burg. Er sann hin und her auf ein Mittel, wie er doch noch den Sinn des Vaters bewegen und seine Holde zur Gattin erhalten könne. Der einzige Trost war ihm, dass er ihrer Liebe gewiss war, und auf die baute er seine Hoffnung. Unterdessen hatte die arme Gerda eine düstere, schlaflose Nacht verbracht. Sie saß stumm weinend in ihrer einsamen Kammer. Die gute Kammerfrau bat, von dem innigsten Mitleid erregt, ihre Gebieterin, dass sie ihr doch die Ursache ihres Kummers und dieser Gefangenschaft erzählen möge. Gerda vertraute ihr alles an und jene erbot sich, einen treuen Knecht heimlich nach Reichenstein zu senden, damit er dem Ritter Kuno den ganzen Vorgang melde. Dieser Mann begleitete gewöhnlich das Fräulein, wenn sie in das Tal ritt, war ihr ergeben und hegte wie die Zofe den Wunsch, dass sie und der edle Herr vom Reichenstein ein Paar werden mögen. Sobald ihm die Dienerin alles genau erklärt hatte, begab er sich zu Fuß und mit eiligen Schritten auf den Weg nach jener Burg und begegnete schon im nächsten Forst dem Ritter, der eben vom Schloss des Oheims zurückkehrte. Mit Staunen, Zorn und Schmerz hörte dieser, was geschehen war. Er nahm den Knecht mit nach Hause, gab ihm eine schöne Belohnung und ließ über ihn seiner Geliebten melden, sie solle sich bereithalten, er werde sie in der kommenden Nacht befreien. Anschließend wollte er bei dem Elenden, der mit satanischer Kunst die Bande der Blutsverwandtschaft entehrt hatte, gerechte Fehde entbieten lassen. Gerda entschloss sich nach einigem Kampf zu diesem Schritt. Natürlich kannte sie die Pflicht gegenüber ihrem Vater, sie war aber auch fest überzeugt, dass ihr der Himmel nicht zürnen werde, wenn sie durch ein solches Wagnis jenem verhassten, ihr ganzes Lebensglück zerstörenden Bunde zu entgehen suche.

Der schlaue Kurt hatte vorausgesehen, dass sein kühner und entschlossener Neffe, wenn er alles erführe, sogleich bereit sein würde, dies an ihm und dem Rheinsteiner zu rächen. Er meldete also Letzterem, dass man gegen den tollen Abenteurer auf der Hut sein müsse. Der alte Ritter ließ daher die Wachen der Burg verstärken und traf Vorkehrung gegen einen Überfall. Als in der Nacht das Fräulein, ängstlich harrend, mit ihrer Dienerschaft am Fenster stand und Ritter Kuno mit einigen Reisigen herankam und den Schlossgraben umritt, fand er alle Zugänge gut besetzt und verwahrt, sodass er bald einsah, dass seine Unternehmung dort nicht gelingen konnte. Er kehrte also missmutig, auf einen neuen Plan sinnend, nach seiner Veste zurück. Am folgenden Tag aber schickte Kurt, auf die Nachricht, dass sich in der Nacht Feinde gezeigt hätten, einen starken Trupp seiner Waffenknechte, von denen er eine große Zahl im Solde hielt, nach Rheinstein. Kuno erschien, nachdem er zuvor dem Fräulein durch einen Knappen in Hirtentracht und vermittelst ihrer Dienerin Kunde hatte bringen lassen, zu mitternächtlicher Stunde mit einer stärkeren Schar von Knechten vor dem Schloss und wagte einen Sturmangriff. Da öffnete sich plötzlich das Tor. Eine ungeheure Zahl von Reisigen strömte heraus. Sogleich entstand ein heftiger und blutiger Kampf. Zwar fochten Kuno und seine Leute tapfer, doch hier standen Einer gegen Drei. Sie wurden überwältigt und auseinandergesprengt. Der brave Hengst des Ritters brach unter ihm, durchrammt von einem Speer, zusammen. Wütend stritt Kuno zu Fuß mit dem Heldenmut eines Roland, schwang sich wieder auf ein lediges Ross. Sein in mannigfachen Kreisen geschwungenes Schwert brach ihm Bahn durch den Schwarm der ihn wild umdrängenden Feinde. Nur leicht verwundet entkam er mit einem Häuflein seiner Getreuen auf die heimische Burg. Dort rannte er verzweifelt durch die weiten Hallen und rief: »Ist denn alles verloren? Nein! Ich muss sie befreien. Gerda oder Tod! Oh Himmel, sende mir einen glücklichen Gedanken und gieße Erfindungskraft in meine Seele, damit ich ein Werk vollbringe, dem Dein Auge lächeln wird, da es die Unschuld retten und zwei treue Herzen vereinigen soll!«

Gerda, welche nach dem ersten misslungenen Versuch ihres Geliebten neue Hoffnung auf einen zweiten schöpfte, hatte in der stürmischen Nacht das Waffengeklirr und den Kampf um die Burg her und darauf das Jubelgeschrei der zurückkehrenden Streiter vernommen. Trostlos und schaudernd über das ihr drohende Geschick saß sie in ihrem Lehnstuhl. Sie sah gen Himmel, während das liebliche Morgenrot Auen und Wald beschien. Was einen Tropfen Balsam in den Kelch ihrer Leiden goss, war die Kunde, welche sie von der Zofe erhielt, dass ihr Ritter sich wie ein Löwe durchgekämpft habe und in Sicherheit sei. Da trat ihr Vater mit zornfunkelnden Blicken herein und sprach: »Jetzt wird dem Übermütigen die Lust vergangen sein, meine Burg zu überfallen. Demnächst befehden wir ihn. Ich will nicht vermuten, dass du derart schimpflich gegen deinen Vater gehandelt hast und im Einverständnis mit dem Frechen warst. Aber deine Bedenkzeit ist jetzt zu Ende. Bereite also heute deinen schönsten Schmuck. Ritter Kurt ist hier und wird dich morgen bei Sonnenaufgang in der Clemenskirche zum Altar führen.«

Damit verließ er das Gemach. Die Jungfrau erhob sich, stand eine Weile sprachlos, betete leise mit gefalteten Händen und sagte dann, während ein himmlisches Lächeln durch ihre Tränen schimmerte, zu der Kammerfrau:

»Ja, Roswitha! Ich werde mich schmücken und dem Bösewicht zum Altare folgen. Aber der Höchste hat mir in diesem Augenblick ein Trostlicht herabgesandt und heiliges Vertrauen in mein Herz geflößt. Wir alle wandeln unter seinem Schutz, auf der ebenen Flur, wie am jähen Abgrund. Wenn es im Plan seiner göttlichen Weisheit liegt, wird er ein schuldloses Opfer retten. Seine Hilfe ist immer nahe, wo die Gefahr am größten scheint.«

Die gute Magd lehnte weinend ihr Haupt an die Seite der frommen Herrin und flehte in stillen Gebeten um ihr Heil.

⚜

Der frühen Sonne Schein glänzte an dem düstern Eichenwald empor. Da klang Musik aus Reinsteins Burghof in das Tal und ein schöner Kreis von Sängern und lieblichen Jungfrauen, in weißer Tracht und mit Blumen bekränzt, empfing die hohe Braut. Sie trat, von Roswitha geführt, mit langsamen Schritten aus der Pforte und bestieg ihr silberfarbenes Ross, das ihr einst Kuno als liebe Gabe gesendet hatte. Jetzt ging der stolze feierliche Zug, durch eine starke reisige Schaar auf jeglicher Seite gedeckt, den schlängelnden Weg des Berges herab. Neben Gerda ritt mit triumphierendem Auge der tückische Verräter. Der hartherzige Vater, dessen Habsucht ihn die Ruhe und das Glück seines Kindes nicht als ein zu großes Opfer ansehen ließ, geleitete sie freudig zum Altar, wo schon der Priester harrte, um das ihr so verhasste Band zu weihen. Im festlichen Gewand von zarter Seide, mit Edelsteinen, Gold und Perlen reich geschmückt, doch blass wie der stille Mond, sah Gerda mit tränengetrübtem Blick nach Reichensteins Mauern hinauf, die sich wie trauernd aus des Hügels Gebüsch erhoben. Man näherte sich schon der Sanct Clemenskapelle und sah bereits das heilige Licht schimmern. Die Pforte war mit grünem Laub und Blumengewinden umkränzt. Man hörte schon des hellen Glöckleins Ton, das den bräutlichen Zug verkündete. Da trat der edle Kuno auf die Zinnen seiner Burg, erblickte im Tal die festliche Schar, die zwei Ritter auf stolzen Rossen und die Braut im blendenden Schmuck.

»Oh Himmel«, rief er, »ist denn alle Hoffnung zunichte? Sie ungetreu?« Doch er bedachte sich schnell. »Nein! Ich konnte sie ja nicht retten! Bestimmt ist es schändlicher Zwang, wo aller Widerstand unmöglich war, oder ein kindlicher Gehorsam, der sich auch dem Willen des Bösen fügen muss? Wie es auch sei – nimmer genese ich von der heißen, mein Leben vergiftenden Wunde! Fort, fort! Ich entsage dieser Welt! Doch nicht in den Mauern des Klosters, wo oft in frommer Larve Heuchelei und das Laster wohnen. In die Tiefe des Waldes will ich gehen, dort als Siedler leben unter den Tieren der Wildnis, die mitleidsvoller als die Menschen sind.«

Der Zug hielt vor dem Kirchentor. Da erhob sich ein Schwarm von Wespen aus dem nahen Busch. Eine fiel mit ihrem Stachel auf das Pferd der Braut. Hoch bäumte sich das königliche Tier auf. Es riss aus, durchbrach der Diener Schar und warf den alten Rheinstein, der es am Zaume fassen wollte, von seinem Hengst herab. Schon rannte es mit Gerda den Strom entlang, da erst sprengten viele Reiter nach, Kurt voraus, nachrufend mit lautschallendem Ton: »Zieht straffer, liebe Braut, zieht straffer die Zügel an!«

Aber Gerda warf den Schleier zurück und trieb mit zierlicher Rute das flüchtige Ross an. Plötzlich wandte es sich am Hohlweg und flog zu Kunos Burg hinan, woher es einst gekommen war und wohin es flüchten wollte. Schäumend vor Wut eilte Kurt hinter ihm her und dachte, es gerade zu fangen, als sein Renner über einen zackigen Felsen stürzte.

Kuno, der von seiner Veste herabblickte, sah mit freudigem Erstaunen die Geliebte herankommen. Er ließ schnell das Tor öffnen und, sobald sie im Hofe einritt, die Brücke niedersenken. Da waren die zwei edlen, von der reinsten Liebe beseelten Herzen aufs Neue vereint und wie durch einen Zauberschlag aus dem bittersten Leid in die seligste Wonne versetzt. In heißer Umarmung dankten sie der gütigen Vorsehung, welche den Redlichen schirmt, wenn die Hölle schon den Sieg zu erringen wähnt. Jetzt aber waffnete Kuno sich und seine Mannen. Sie besetzten den Wall der Burg, um jeden Anfall mutig abzuwehren. Doch daran dachten die Rheinsteiner nicht. Alle waren bestürzt über das, was sich ereignet hatte. Ritter Kurt lag zerschmettert am Klippenweg. Gerdas Vater wurde, nur leicht von dem Fall verletzt, wieder auf sein Pferd gehoben. Da wachte sein Gewissen auf. Er erkannte das Zeichen der Allmacht, wodurch die Unschuld errettet, das Laster gestraft und ihm selbst eine drohende Warnung gegeben war. Nur mit einigen Knechten zog er vor Reichenstein und bat um friedlichen Einlass. Ritter Kuno ließ ihn gern in seinen Hof und dann nach dem Saale geleiten. Gerührt und seine Schuld bereuend trat der Alte zwischen Kuno und seine Tochter, die in ihrer Freude und kindlicher Liebe allen Schmerz vergaß. Der Vater legte beider Hände ineinander und segnete ihren Bund. So wurden sie ein glückliches Paar und das nächste Morgenlicht sah ihre Trauung in der Kirche von Sanct Clemens.

⚜ ⚜ ⚜

Burg Rheinstein (siehe Bildtafel I) wurde im frühen 14. Jahrhundert oder sogar schon früher auf einem Felssporn am östlichen Hang des Bingener Waldes gebaut. Die gegenüberliegende Burg Reichenstein war bereits Jahre zuvor durch Rudolf von Habsburg zerstört worden, weil sie als Raubritternest galt. In den folgenden Jahrhunderten hatte Burg Rheinstein wechselnde Besitzer. Gegen Endes des 16. Jahrhunderts begann sie zu verfallen. Von 1825 bis 1827 wurde sie jedoch restauriert, im Auftrag von Prinz Friedrich von Preußen, der die Anlage zwei Jahre zuvor gekauft hatte. Damit war Rheinstein die erste Burg am Rhein, die wiederaufgebaut wurde. Der preußische Prinz und seine Frau wurden in der dortigen Krypta bestattet. Als die in der Sage genannte »Dichterin« dürfte Adelheid von Stolterfoth (1800–1875) gelten, die eine bekannte Vertreterin der Rheinromantik war. In ihrem Buch Rheinischer Sagenkreis *(1835) veröffentlichte sie diese Erzählung in balladenhafter Form.*

Es kingt herab aus Rheinstein's Mauern
Wie Harfenton und Flötenlaut,
Doch ach! Mit Klagen und mit Trauern
Zieht langsam aus der Burg die Braut.
Und weinend richtet sie beim Scheiden
Nach Reichenstein den Blick hinab,
Denn was sie liebte, muss sie meiden,
Und schwur doch Liebe bis zum Grab.

Die Marksburgsage

Eine alte Sage berichtet von dem tragischen Schicksal, das die Tochter des Burgherrn, Elisabeth, einst traf. Sie war verlobt mit Siegbert von der Burg Lahneck, die ein Stück rheinaufwärts stand. Beide waren glücklich, doch da trennte sie der Krieg. Siegbert ging mit dem Kaiser und lange Zeit hörte man nichts mehr von ihm. Eines Tages tauchte sein Vetter Rochus auf, behauptete, dass Siegbert im Jahr 1278 gefallen sei, und legte dafür auch Dokumente vor. Niemand kannte Rochus, aber die Dokumente schienen glaubhaft.

Elisabeth trauerte, überwand aber ihren Kummer und verliebte sich dann in Rochus. Man plante schon die Hochzeit. Kurz vor der Trauung erschien dem Geistlichen der heilige Markus im Traum. Er teilte ihm mit, dass Rochus der leibhaftige Teufel sei. Als die Brautleute vor dem Traualtar erschienen, holte der Priester ein Kreuz unter seinem Umhang hervor und hielt es Rochus vor das Gesicht. Die Erde spaltete sich und der falsche Bräutigam fuhr wütend in die Hölle.

Elisabeth war verzweifelt. Ein zweites Mal war ihre Verlobung geplatzt und dazu war sie noch auf den Teufel hereingefallen. Um Buße zu tun und ihre vermeintliche Schuld zu sühnen, ging sie ins Kloster. Die Burg, die bis dahin Burg Brubach genannt worden war, erhielt nun den Namen Marksburg, weil der heilige Markus Elisabeth vor dem Teufel gerettet hatte.

Siegbert von Lahneck kehrte jedoch lebendig aus dem Krieg zurück. Als er erfuhr, was vorgefallen war, stürzte er sich verzweifelt in den Abgrund.

⚜ ⚜ ⚜

Die Marksburg ist eine Höhenburg oberhalb der Stadt Braubach am Rhein (siehe Bildtafel VI). Sie wurde vermutlich im 12. Jahrhundert erbaut. Nach urkundlichen Belegen war sie im Besitz der Herren von Eppstein, die sich seit 1219 aber »von Braubach« nannten. Rochus ist ein männlicher Vorname, der möglicherweise vom althochdeutschen rochon (»schreien«, »rufen«) abgeleitet ist. Er findet sich auch in Redewendungen wieder, wie »einen Rochus auf jemanden haben«, was bedeutet, dass man auf jemanden wütend oder zornig ist. Vielleicht hat dies bei der Namenswahl für den Teufel bei der Ausgestaltung dieser Sage eine Rolle gespielt.

Die Tempelritter auf Burg Lahneck

Nördlich der Marksburg, gegenüber der Burg Stolzenfels, mündet die Lahn in den Rhein. Am rechten Ufer liegt die Stadt Lahnstein. Neben ihr erhebt sich eine steile Felsenhöhe, auf der die Burg Lahneck steht. Diese war ehemals eine mainzische Burg und diente zum Schutze des Rheinzolles. Man glaubt, dass sie in der zweiten Hälfte des 13. Jahrhunderts entstanden ist. Aus dieser Zeit stammt auch folgende Sage.

Während der Kreuzzüge bildeten sich die Ritterorden heraus. Der Orden der Tempelherren wurde 1118 gegründet, um christliche Pilger zu pflegen und ihnen im Heiligen Land schützendes Geleit zu geben. Er wurde immer mächtiger und seine Reichtümer beständig größer. Doch nach fast zweihundertjährigem Bestehen versetzten ihm im Jahre 1307 Papst Clements V. und König Philipp der Schöne von Frankreich den Todesstoß. Überall wurden die Templer verfolgt, auch in Deutschland. In der Provinz Sachsen war auf Burg Schlanstedt noch lange die rote Tempelherrenstube zu sehen. Man hatte sich nicht gescheut, zwölf Templer zu einem Gastmahl zu laden und diese in halber Trunkenheit gerade dann zu ermorden, als die nichtsahnende Tochter des verräterischen Burgverwalters, einem Wink ihres Vaters folgend, zu ihnen ins Zimmer trat, um durch ihre Gegenwart die Geselligkeit noch mehr zu beleben. Zu den Mördern der Tempelherren gehörte auch der damalige Bischof von Mainz, Peter Aichspalter, der dem Papst auf diese Weise seine Dankbarkeit erweisen wollte dafür, dass dieser ihn vom Hausarzt eines luxemburgischen Grafen zum Erzbischof von Mainz befördert hatte.

Peter Aichspalter stellte die Tempelherren vor die Wahl zwischen Verbannung und Tod. Doch hier wie überall war es für die Tempelherren schwer, eine neue Heimat zu finden, weil sie allerorten abgewiesen wurden. Sie mussten deshalb überall Schlupfwinkel suchen. Ein solcher Schlupfwinkel hat sich für die Tempelherren in der Altmark in der von Sümpfen umgebenen alten Linderburg gefunden, wo später das kaiserliche Jagdgut zu Letzlingen lag, und auf mainzischem Gebiete wurde die Burg Lahneck der Zufluchtsort der letzten Tempelherren. Nachdem einige Templer aufs Geradewohl in die Verbannung gezogen waren, andere aber ihrem Orden abgeschworen hatten, schlossen sich die letzten zwölf Tempelherren in der Burg Lahneck ein und schwuren einander, dass keiner die Burg lebend wieder verlassen wolle.

Diese Nachricht machte Peter Aichspalter so wütend, dass er seine Soldaten aussandte, um die zwölf töten zu lassen. Man bot diesen zwar an, sich zu ergeben, doch war den Templern klar, dass nichts anderes als der Tod durch Henkershand auf sie warten würde. Es wurde ihnen auch noch immer freigestellt, ihrem Orden abzuschwören, welchen sie angeblich durch ein sittenloses Leben und durch das Streben nach irdischen Reichtümern entweiht hätten. Aber dass sie das Gelübde des Gehorsams gegen ihren Ordensmeister, den sie auf das Höchste verehrten, jemals gebrochen hätten, wagte niemand zu behaupten. Dafür, dass sie nicht tugendhaft gewesen seien, verlangten sie Beweise. Dass sie nach irdischen Schätzen getrachtet hatten und reich an Gütern waren, lag allerdings auf der Hand, aber genau aus diesem Grund wurden sie ja verfolgt. Es war deshalb kein Wunder, dass alle zwölf Tempelherren auch nach dieser Aufforderung, ihren Orden zu verlassen, ihm doch treu blieben.

Gegen ein so großes Heer, wie es der Mainzer Bischof geschickt hatte, hätten sich die Tempelherren allerdings nicht lange halten können, insbesondere, wenn die Mainzer die Burg Lahneck in Brand gesteckt hätten. Es gab allerdings die Weisung, die Burg so weit wie möglich zu schonen. Die Soldaten des Erzbischofs hatten also keine andere Wahl, als mit den zwölf Tempelherren, von denen einige schon in hohem Alter standen, so lange zu kämpfen, bis sie ermattet niedersinken würden.

Als die Nacht hereinbrach, kam ein starker Sturm vom Rhein herauf, den selbst der Schlachtruf der Mainzer nicht zu übertönen vermochte. Die Tempelherren aber nickten einander zu und ihr Nicken allein war ihnen das erneuerte Gelöbnis, zu kämpfen bis in den Tod. Sie verteidigten sich die ganze Nacht hindurch, doch beim hereinbrechenden Morgen schwang nur noch einer von ihnen das Schwert. Der ritterliche Anführer der Mainzer Truppen forderte den letzten Tempelherrn noch ein letztes Mal auf, sich zu ergeben. Heldenhaft verweigerte dieser das jedoch, denn er glaubte nicht daran, dass man halten werde, was man ihm versprach.

Erbittert durch die Herausforderung des einzelnen Mannes hieben die Mainzer Soldaten mit aller Kraft auf ihn ein. Mit diesem einen Manne wurde noch gekämpft, als auf schaumbedecktem Ross ein Bote des Erzbischofs heransprengte und verkündete, der Kaiser selbst habe befohlen, allen zwölf Tempelherren das Leben zu schenken.

»Mein Leben ist ein elendes Geschenk für mich, seit meine elf Brüder tot sind!«, rief der letzte Tempelherr aus. Er sprang von der Burgmauer herunter mitten unter die Mainzer Soldaten, schlug nach allen Seiten kräftig um sich und empfing endlich den Todesstoß. Alle zwölf Tempelherren wurden im Hof der Burg Lahneck begraben.

⚜ ⚜ ⚜

Die Burg (siehe Bildtafel VIII) ließen im Jahr 1226 der Mainzer Erzbischof und Kurfürst Siegfrid III. von Epstein erbauen. Anders als die Sage behauptet, diente sie nicht als Zollburg, weil sie viel zu weit vom Rhein entfernt liegt. Schützen sollte sie das Gebiet der Lahnmündung, den Ort Lahnstein und ein Silberbergwerk in der Nähe. Im Oktober 1307 wurden auf geheimen Befehl Philipps IV. die Templer in Frankreich verhaftet. Die Anklage lautete auf Ketzerei und Sodomie. Ihr Anführer, Jacques de Molay, soll noch im Oktober gestanden haben. Im Dezember widerrief er aber sein Geständnis. 1310 wurden mehr als 50 Templer in Paris verbrannt. Doch erst im April 1312 hob Papst Clemens V. den Templerorden auf. Dessen Güter wurden auf die Johanniter übertragen, Jacques de Molay und Geoffroy de Charnay 1314 in Paris verbrannt. Danach gab es kaum noch weitere Todesurteile. Außerhalb des Machtbereichs von König Philipp IV. wurden die Templer nur wenig verfolgt, oft sogar ganz in Ruhe gelassen. Es ist deshalb davon auszugehen, dass sich die Sage mit Bezug auf die Burg Lahnstein eher allgemein auf die Situation der Templer in dieser Zeit bezieht und keineswegs auf einen konkreten Vorfall.

Die schöne Agnes von Staleck und der Pfalzgrafenstein

Über der Stadt Bacharach stehen heute noch die Trümmer der festen Burg Staleck, deren Besitzer war im 12. Jahrhundert der Pfalzgraf Conrad aus dem Hause der Hohenstaufen. Er besaß eine einzige, wegen ihrer Schönheit jedoch weit und breit berühmte Tochter namens Agnes. Die Kunde von ihrer Anmut war auch dem tapferen Heinrich Welf von Braunschweig zu Ohren gekommen, der bald vor Verlangen brannte, diese schöne Jungfrau kennenzulernen. Es bestand aber damals eine Feindschaft zwischen den Welfen und Hohenstaufen. Kaiser Friedrich der Rotbart hatte allen Welfen den Untergang geschworen, es konnte also keine Rede davon sein, dass Heinrich unter seinem wahren Namen nach Staleck ginge. Er machte sich mit seinem Lehnsmann, Hans von Gleichen, auf die Reise. Als sie noch einen Tagesritt vom Rhein entfernt waren, legten sie andere Kleider an und gaben sich als Pilger aus, die nach Köln wollten. Als solche baten sie auf Staleck um ein Nachtlager und wurden von dem Burgherrn freundlich aufgenommen. Bei der Tafel sah Heinrich dann die junge Pfalzgräfin und fand, dass der Ruf ihrer Schönheit noch hinter der Wahrheit zurückbliebe. Als man bei Tische nun fragte, wo die Pilgrime denn her seien, und sie antworteten, dass sie von Braunschweig kämen, da erkundigten sich die Frauen nach ihrem Herrn, dem Herzog Heinrich. Sie wollten wissen, ob es wahr sei, dass dieser tatsächlich ein so kühner, unternehmender Ritter sei, wie sich das Volk erzähle. Die angeblichen Pilgrime versetzten, sie seien zwar Lehnsmänner des Herzogs, allein, sie könnten mit gutem Gewissen all das Rühmliche bestätigen, was man sich von ihm erzähle. Sie verließen in der Frühe das Schloss und fuhren in einem Schiff, welches ihnen der Pfalzgraf gestellt hatte, weiter nach Köln.

Auf die junge Pfalzgräfin hatte aber einer der Pilger, Heinrich, einen derartigen Eindruck gemacht, dass sie es nicht erwarten konnte, bis derselbe von seiner angeblichen Betfahrt wieder zurückkehrte. Als er endlich nach einigen Tagen mit seinem Begleiter wiederkam, da gestand sie ihrer Mutter, dass sie eine innige Leidenschaft für ihn empfinde, und die Burgherrin, welche ihre Tochter abgöttisch liebte, versprach ihr, wenigstens nach dem echten Namen dieses Ritters zu forschen, um zu erfahren, ob eine Verbindung zwischen ihm und ihrer Tochter möglich sei. Dies tat sie auch und Heinrich gestand ihr offen, wer er war und weshalb er sich in ihrem Haus nicht zu erkennen gegeben hatte. Die Pfalzgräfin versprach ihm, die Sache ihrem Gatten vorzutragen, hieß ihn aber einstweilen seine Rückreise anzutreten. Sie wolle dann sehen, was sich machen ließe. Da der Pfalzgraf derzeit ohnehin nicht auf der Burg weilte, würde sie ihm Botschaft senden.

Der Pfalzgraf hatte jedoch bereits unterwegs erfahren, um wen es sich bei den zwei Pilger handelte. Als daher seine Gattin bei seiner Rückkehr die Rede auf den jungen Welfen brachte, gab er zwar eine ausweichende, aber nicht gerade abweisende Antwort. Sie glaubte daher nichts Besseres tun zu können, als den Braunschweiger aufzufordern, selbst nach Staleck zu kommen und um ihre Tochter zu werben. Als sie eines Tages früh morgens aus dem Fenster schaute, sah sie, wie auf dem breiten Felsen, der nahe dem rechten Rheinufer etwas abwärts von Staleck mitten aus dem Strom hervorragte und bis dahin nichts als eine ärmliche Fischerhütte beherbergt hatte, jetzt an deren Stelle ein stattliches Mauerwerk emporwuchs. Viele Arbeiter waren damit beschäftigt, dort ein neues Gebäude zu errichten. Auf ihre Frage, was dort geschehe, erhielt sie von ihrem Gemahl die Antwort, er wolle dort einen Zollturm bauen lassen. Indes erfuhr sie schon bald den eigentlichen Zweck des geheimnisvollen Bauwerks, denn eines schönen Tages war ihre Tochter verschwunden und sie musste hören, dass diese mit einer Magd und einem Diener auf Befehl ihres Gemahls in jenen Turm gebracht worden sei. Sie stellte sich demütig und legte gar Trauerkleider an, im Geheimen aber sandte sie dem Braunschweiger, der auf dem Wege nach Staleck sein musste, einen ihr treu ergebenen Diener mit einem Briefe entgegen. Ihrer Tochter auf dem Turm wusste sie mittels einer Brieftaube ebenfalls Nachricht zukommen zu lassen.

Es vergingen mehrere Wochen. Dann kam der Vorabend des Tages, an dem die junge Agnes ihr siebzehntes Jahr antrat. Die Pfalzgräfin nutzte diese Gelegenheit, um das Herz ihres Gemahls zu rühren. Sie bat ihn inständig und ausdauernd, der Jungfrau zu vergeben, bis er ihr endlich sein Wort darauf gab. Er versprach, sie am nächsten Tag aus dem Turme zurückkommen zu lassen. Von einer Verbindung seiner Tochter mit einem Welfen wollte er jedoch durchaus nichts wissen. Da gestand ihm die Gräfin, ihre Tochter sei bereits die Gemahlin Heinrichs von Braunschweig. Als der Pfalzgraf vor Ingrimm ratlos dastand und durchaus nicht begriff, wie dies möglich sei, da offenbarte sie ihm, was sie getan hatte, um das Paar zusammenzubringen. Sie erzählte ihm, wie der junge Heinrich des Nachts zum Turm hinübergeschwommen sei und bereits mehrere Tage bei ihrer Tochter verweile. Da rief der zornige Pfalzgraf, er wolle weder seine Tochter noch ihren Gemahl eher sehen, als bis sie ihm einen Enkel bringen würden, der im Turme geboren sei. Die junge Frau musste also wirklich nebst ihrem Gatten bis zu ihrer Niederkunft in dem einsamen Turme verweilen. Dann aber nahm der Pfalzgraf beide in Gnaden auf. In dieser Zeit kam die Sitte auf, dass die rheinischen Pfalzgräfinnen jedes Mal ihre Niederkunft in der Pfalz bei Kaub halten mussten.

⚜ ⚜ ⚜

Die Burg Pfalzgrafenstein (siehe Bildtafel VII) wurde gebaut, um die Zolleinnahmen zu sichern. Pfalzgraf Ludwig II. aus dem Geschlecht der Wittelsbacher ließ sie in der Zeit von 1327 bis 1342 errichten. Konrad von Hohenstaufen erhielt die Burg Stahleck von seinem Halbbruder, dem Kaiser Friedrich Barbarossa. Geplant war, dass seine Tochter Agnes den französischen König Philipp II. heirate. Dieser Plan scheiterte jedoch, weil Agnes heimlich Heinrich den Älteren von Braunschweig ehelichte, den Sohn des verfeindeten Welfenherzogs Heinrich der Löwe. Die Verbindung war vom Trierer Erzbischof Johann I. geschlossen worden und führte letztendlich zur Aussöhnung zwischen den Familien. Insofern ist die Sage korrekt. Mit der Zollburg Pfalzgrafenstein hat sie aber nichts zu tun.

Der blinde Schütze auf Burg Sooneck

Burg Sooneck, auf dem nordöstlichen Steilhang des Binger Waldes gelegen, war die Schwesterburg von Reichenstein und gehörte wie diese den Herren von Bolanden. Sie erlitt auch das nämliche Schicksal und wurde von König Rudolf von Habsburg im Jahr 1282 belagert und zerstört. Erst im Jahr 1346 erlaubte der Erzbischof von Mainz den Wiederaufbau. Folgende Sage wird von Sooneck erzählt:

Der Ritter von Sooneck hatte seinen Todfeind, den Burgherrn von Fürsteneck, bei Bacharach heimlich gefangen genommen und ins Verlies geworfen. Nicht nur das, er ließ ihn auch blenden. Der Sohn des Fürsteneckers hatte den Aufenthalt des Vaters aber in Erfahrung bringen können. Er verkleidete sich als fahrender Sänger und kam anlässlich eines Festgelages auf die Burg Sooneck. Je trunkener die Gesellschaft wurde, um so übermütiger gaben sich die Gäste. Als einer von ihnen bemerkte, dass der Fürstenecker ein so trefflicher Schütze sei, dass er auch ohne Augenlicht das Ziel nicht verfehlen werde, ließen sie ihn aus dem Kerker holen. Der von Sooneck fragte den Blinden, ob er sich getraue, einen Becher zu treffen, den er jetzt hier mit Geklirr auf den Tisch setzen werde. Der Blinde sagte ruhig: »Ja!« Da reichte ihm der Ritter Bogen und Pfeil. Als er aber mit dem Wort »Hier!« den Becher klirrend aufsetzte, da schwirrte der Pfeil und der Ritter von Sooneck sank zu Boden, mitten ins Herz getroffen. »Das war ein Gottesgericht!«, riefen entsetzt die Gäste. Als dann der Sohn sich zu erkennen gab, war niemand da, der ihn hinderte, mit seinem blinden Vater heimwärts zu gehen.

⚜ ⚜ ⚜

Burg Sooneck (siehe Bildtafel XIV) ist eine Hangburg im oberen Mittelrheintal. Während des pfälzischen Erbfolgekrieges wurde sie 1689 von den französischen Truppen zerstört. Sooneck wurde dann wiederaufgebaut, zunächst als Jagdschloss (bis 1861).

Die Eppsteiner

In den wirren Felsenschluchten und dunklen Tälern um das heutige Eppstein soll vor langer Zeit ein wilder Riese gelebt haben. Der lauerte den Jungfrauen auf und wenn er eine fing, geschah ihr mehr nach seinem Willen, als ihnen lieb war. Einmal gelang es ihm, das Fräulein von Falkenstein zu entführen. Der Ritter Eppo, der das Fräulein minnte, folgte dem Riesen, sobald er von dem Unglück gehört hatte, um mit ihm zu kämpfen oder durch List zu besiegen. Eppo besaß ein eisernes Netz, das er an einem günstigen Ort aufstellte. Damit ihn der Riese, wenn er ihn bemerkte, nicht sogleich erkenne, musste der Knappe Eppos Gewand und Rüstung anlegen. Eppo aber trug das Gewand des Knappen. Der Riese kümmerte sich keinen Deut um den Ritter, der ihm nachfolgen wollte. Mit all seinen Gedanken war er schon bei dem, was er mit seiner Gefangenen tun würde – nämlich das, was er auch mit all den anderen getan hatte. Aber ein Schutzengel war mit ihr, gegen den weder des Riesen Stärke noch dessen Zaubermacht etwas vermochten.

Voll Grimm darüber wandte sich der Riese Eppo entgegen, als er diesen daherkommen sah. Er gebrauchte seine Zauberkunst und Macht und verwandelte

Eppos Dienstmann, den er für den Ritter hielt, in einen Felsen. Da meinte er, den Feind für genügend lange Zeit an eine Stelle gebannt zu haben. Er eilte vorwärts, um auch das Gefolge des Ritters unschädlich zu machen. Darüber aber stürzte der Riese in das gespannte eiserne Netz, zappelte darin gewaltig, konnte es aber nicht zerreißen. Nun kam der Ritter in der Knappentracht, der sich bisher verborgen gehalten hatte, hervor, schleppte den Riesen mitsamt dem Netz auf einen hohen Felsen und stürzte ihn von da hinunter. Dann befreite er dessen Gefangene aus ihrem Bann. Nur den verzauberten Dienstmann konnte Eppo leider nicht erlösen, der steht heute noch starr und steif wie ein Felsen, der »Mannstein« genannt wird.

Eppo gewann die befreite Jungfrau zum Weib. Auf dem Felsen, von dem der Ritter den Riesen herabgestürzt hatte, erbaute er eine neue Burg. Dieser Felsen wurde fortan »Eppstein« genannt. Für Gewölberippen im Tor nutzte man statt der sonst üblichen gebogenen Steine die Rippen des Riesen. Dem Ritter aber und seiner Gemahlin entspross ein gewaltiges Geschlecht tapferer Helden und großer Kirchenfürsten. Die Ritter empfingen aus des Kaisers Hand das Waldbotenamt am oberen Taunus zum Lehen. Fünf Eppsteiner besetzten nach und nach den erzbischöflichen Stuhl zu Mainz. Drei davon hießen Siegfried, einer Werner und einer Gerhard. Dieser Gerhard, der zweite des Namens in der Mainzer Bischofreihe, war ein eigensinniger Mann. Wenn ein deutscher Kaiser anders wollte als er, so schlug er an seine Tasche und rief: »Potz Velten! Wenn ein Kaiser nicht will, wie ich will, habe ich schon einen anderen Kaiser in der Tasche.« Einmal, als ein Kaiser ihm nicht zu Willen war, ergriff er zornig sein Jagdhorn und schrie: »Dass den Kaiser Gottes Marter schände! So mir es beliebt, so blase ich aus diesem Horn einen anderen Kaiser heraus!« Solche Worte waren keineswegs in den Wind gesprochen. Er war es, der dem Grafen Adolf zur Kaiserkrone verhalf und ihm auch wieder davon half, doch ist es ihm nicht immer geglückt und so fand er schließlich Ursache, seine Keckheit zu bereuen.

☙ ☙ ☙

Burg Eppstein stammt aus dem 10. Jahrhundert, wurde aber urkundlich erstmals 1122 erwähnt. Wenig später schenkte Kaiser Heinrich V. eine Hälfte des Anwesens dem Erzstift Mainz, das schließlich auch die andere Hälfte in seinen Besitz brachte. Die Lehensherren, ursprünglich die Herren von Hainhausen, nannten sich bald Herren von Eppstein. Der in der Sage genannte Mainzer Bischof, der sich in die Kaiserwahl eingemischt haben soll, war Gerhard II. von Eppstein (1230–1305). Tatsächlich war er aber eher bei der Königswahl und -absetzung aktiv. Bei dem genannten »Grafen Adolf« handelte es sich um Adolf von Nassau (1250–1298), der von den Kurfürsten ohne Bannspruch des Papstes abgesetzt wurde und der bei der Schlacht bei Göllheim gegen den Gegenkönig Albrecht von Österreich fiel.

Der Mäuseturm bei Bingen

Zu Bingen ragt mitten aus dem Rhein ein hoher Turm, von dem folgende Sage erzählt wird: Im Jahre 974 gab es eine derart große Teuerung in Deutschland, dass die Menschen aus Not auch ihre Katzen und Hunde aßen und trotzdem noch viele Leute Hungers sterben mussten. Der damalige Bischof zu Mainz, Hatto der Andere, war ein Geizhals. Er dachte nur daran, sein Vermögen zu mehren, und sah mitleidlos zu, wie die armen Leute auf der Gasse niederfielen. Auch dass sie zu den Brotbänken liefen und sich das Brot mit Gewalt nahmen, störte ihn nicht. Wie wenig Erbarmen er kannte, zeigte er, als er eines Tages sagte: »Lasset alle Armen und Dürftigen in einer Scheune vor der Stadt sammeln. Ich will sie speisen.« Doch wie sie in der Scheune waren, schloss er die Türe zu und verbrannte die Scheune samt den Menschen darin. Ob jung, ob alt, Mann oder Frau – alle sollten sterben. Als die Menschen unter den Flammen laut wimmerten und jammerten, rief Bischof Hatto: »Hört, hört, wie die Mäuse pfeifen!« Allein, Gott der Herr plagte ihn bald damit, dass die Mäuse Tag und Nacht über ihn liefen und an ihm fraßen. Er vermochte sich mit all seiner Gewalt nicht dagegen zu wehren. Schließlich wusste er sich keinen anderen Rat, als einen Turm bei Bingen mitten im Rhein bauen zu lassen. Er glaubte sich darin sicher, aber die Mäuse schwammen durch den Strom, erklommen den Turm und fraßen den Bischof bei lebendigem Leibe auf.

⚜ ⚜ ⚜

Hatto der Andere aus der Sage war mit an Sicherheit grenzender Wahrscheinlichkeit Hatto II. (gestorben 970). Er war zunächst Abt von Fulda und wurde 968 Erzbischof von Mainz. Der Binger Mäuseturm wurde jedoch als Zollwachturm erst zu Beginn des 14. Jahrhunderts gebaut.

Die drei Schwestern

Felix Dahn

Im Schloß zu Montfort bangen Schwestern drei,
Ob König Richard noch am Leben sei.
Oft sprach er zu: – gleich schön die Fräulein waren
In schwarzen, braunen und in goldnen Haaren.

Man wußte nicht, für welche schlug sein Herz:
»Er weiß es selbst nicht!«, neckte Blondels Scherz.
Doch jede liebet ihn, den Wundervollen;
Er nahm das Kreuz: – seitdem ist er verschollen.

Die Schwestern harr'n. – Da tritt nach Tag und Jahr
In ihre Kemenat ein Pilgerpaar:
Der lange Bart, der Muschelhut beweisen,
Der Jordanstab der Pilger fromme Reisen.

»Euch edeln Fräulein künden wir nun Leid:
Gebunden liegt der Stolz der Christenheit:
In Trifels Burg, in schweren Eisenspangen,
Fürs Leben liegt der Löwenherz gefangen!«

Da strich die erste, Gräfin Eleanor,
Die stolzen schwarzen Brau'n gemach empor:
»Ich schwankte lang, wen der Rivalen wählen: –
Nun werd' ich Frankreichs König mich vermählen.«

In Tränen sprach die zweite, Gräfin Maud:
»Und ist der edle Mann lebendig tot,
Will ich mein langes braunes Haar verschneiden
Und bis ich sterbe mich als Nonne kleiden.«

Die jüngste Schwester aber sprach kein Wort: –
Stumm stand sie auf: zur Tür schritt sie so fort:
Da sank sie fast: der Herzschlag blieb ihr stocken:
Gen Himmel schüttelt sie die gelben Locken.

Der größre Pilger sprach: »Wo wollt Ihr hin?«
»Zu ihm! Zu ihm!« – »Wie, was kömmt Euch zu Sinn?«
»Ich lieb' ihn und ich will so lange flehen,
Bis eines von zwei Dingen ist geschehen:

Die Freiheit ihm: – wenn nicht –: mir selbst der Tod!«
Da küßt der Pilger ihr die Lippen rot:
»Gut war dein Rat, Freund Blondel, kluger Sänger!
Du herrlich Kind, nein, zweifle mir nicht länger.

Gefangen war ich: – doch nun bin ich frei,
Auf daß ich ewig dir zu eigen sei.
Dein Herz ist, wie dein Haar, von lautrem Golde:
Ich liebe dich, du süß' Geschöpf, Isolde!«

⚜ ⚜ ⚜

Diese Ballade ist eine interessante Dichtung über Richard Löwenherz und die Sage seiner Gefangenschaft. Richard war zunächst von Leopold V. von Österreich auf der Burg Dürnstein festgesetzt worden. Heinrich VI., gegen den Richard sich mit Heinrich dem Löwen verbündet hatte, kaufte ihn dem österreichischen Herrscher ab und setzte ihn auf der Burg Trifels gefangen. Der Sage nach spürte ihn Blondel, Sänger und Freund Richards, dort auf und befreite ihn. Die Realität war profaner: Nach Zahlung eines Lösegelds und Ableistung des Lehnseides wurde er von Heinrich VI. freigelassen.

Felix Dahn (1834–1912), der diese Ballade geschrieben hat, war Rechtsgelehrter, Historiker und Schriftsteller, gilt als einer der Vertreter des sogenannten »Professorenromans«, historischer Romane, die vom historischen Wissen der Zeit profitieren. Berühmt wurde er mit Ein Kampf um Rom. *Er hat aber auch zahlreiche Gedichte und Balladen geschrieben.*

Die Burg Trifels (siehe Bildtafel XVI) ist eine Felsenburg auf dem 494 m hohen Sonnenberg unweit Annweiler. Fast zweihundert Jahre lang (1113–1310) war sie Reichs-

burg. Danach verlor sie an Bedeutung. Im Jahr 1602 wurde sie durch Blitzeinschlag zerstört und verfiel dann allmählich. Der Wiederaufbau begann im Jahr 1841.

Der Wichtel von Burg Waldeck

Es wird erzählt, dass vor Zeiten der Graf von Waldeck mit den Hollen, dem Zwergenvolk, das in den Ederbergen hauste, über den Bau einer Burg einen Vertrag abschloss. Der Graf versprach dem Eck, dem obersten der Zwerge, dass ihnen die Bergestiefen unter seinem Schloss für alle Zeiten gehören und die Hollen dort unter dem Schutz der Grafenburg in Frieden hausen sollten, so lange es ihnen beliebe. Dafür verpflichtete sich der Zwergenherrscher, die Grundmauern der Burg derart fest zu erbauen, dass die Burg niemals sinken oder fallen könne. Zugleich gelobte er, in seinem Reich alles Recht zu hüten und Unrecht zu sühnen.

Eingang zum Zwergenreich findet man hinter dem großen Felsen, dem Treustein, von dem auch erzählt wird, dass er den letzten Herrn von Waldeck unter seiner Last begraben werde. Zur Mitternachtsstunde halten die Zwerge auf dem Treustein oft ihre Zusammenkünfte ab.

Stirbt ein waldeckscher Graf, so schlägt der Eck mit seinem Hammer aus Edergold dreimal auf den Felsen. Dann wird es in der Nacht auf allen Hügeln und Hängen der Eder lebendig. Zahllose Lichter blitzen auf, wie Glühwürmchen, die durch die Sommernächte schwärmen. Das sind die Leuchten der Hollen, die von allen Bergen zur Burg eilen, um dem seeligen Herrn das Totenamt zu halten. Der Eck spricht eine lange Totenrede und am Ende schwören die Hollen dem neuen Herrn den Treueid. Dann schlägt der Eck wieder mit dem Goldhammer dreimal auf den Felsen und die Lichter der Hollen huschen auseinander.

🚲 🚲 🚲

Burg Waldeck ist eine schlossartig ausgebaute Burg aus dem 12. Jahrhundert und wird deshalb auch oft Schloss Waldeck genannt. Die Anlage ist gut erhalten, wurde aber im Lauf der Zeit häufig erneuert und umgebaut. Ab dem 18. Jahrhundert war sie zunächst Zuchthaus, dann Frauengefängnis. Seit 1920 ist die Burg der Öffentlichkeit zugänglich und kann besichtigt werden.

Der Sängerkrieg auf der Wartburg

Bei Landgraf Hermann und seiner Gemahlin Sophia waren auf der Wartburg im Jahre 1206 einige der besten Minnesänger ihrer Zeit zusammengekommen. Das waren Walther von der Vogelweide, Reinhart von Zwetern, Wolfram von Eschenbach, Heinrich von Ofterdingen, Meister Biterolf und Heinrich von Rispach, welcher »der tugendhafte Schreiber« genannt wurde. Er war des Landgrafen Kanzellar, aber ebenfalls ein Ritter. Diese Sechs hielten ein Wettsingen miteinander, darin sie das Lob guter Fürsten priesen und vornehmlich das des gastlichen Landgrafen Hermann von Thüringen, der Grafen Poppo und Hermann des Weisen von Henneberg, auch des Markgrafen Otto von Brandenburg, der selbst ein Minnesänger war. Besonders waren es die Henneberger, von denen Wolfram von Eschenbach und Heinrich von Rispach den Ritterschlag wie auch Rosse und Gewande empfangen hatten, welche der genannte Heinrich, Biterolf und Wolfram von Eschenbach priesen. Ebenso pries Heinrich von Rispach den Thüringer Landesherrn.

Doch Heinrich von Ofterdingen, ein Österreicher, obschon ihn alte Bücher einen Bürger von Eisenach nennen, und der, wie viele glauben, der Dichter des *Nibelungenliedes* ist, pries Leopold, Herzog von Österreich, und sang, dass dieser vor allen Fürsten strahle gleich der Sonne vor allen Gestirnen. Da wurde aus dem frohen Sängerkampf böser Ernst und die Sänger beschlossen, es solle der Unterliegende durch die Hand des Henkers sterben. Alle waren erbittert über Heinrich von Ofterdingen und hätten ihn gern vom Thüringer Hofe gejagt. Da nun alle gegen ihn alleine sangen, unterlag er schließlich und nur die gütige Landgräfin, zu der der Verfolgte sich flüchtete, schützte ihn, indem sie ihren Mantel über ihn breitete, als er Rettung flehend zu ihren Füßen sank.

Heinrich von Ofterdingen erbat sich ein Jahr Frist, er wolle auf Reisen gehen und einen größeren Meister holen. Der solle urteilen und richten. Damit meinte er den berühmten Meister Klingsor aus dem Ungarland, der war Minnesänger und Zauberer zugleich. Ofterdingen reiste von der Wartburg ab nach Österreich zu seinem gefeierten Herzog und von diesem weiter nach Siebenbürgen zu Klingsor. Der Zauber sagte ihm seine Begleitung nach Thüringen zu, behielt ihn jedoch zunächst bei sich. Mit Dichten, Singen und allerlei Kurzweil vertrieb er ihm die Zeit, sodass unvermerkt das Jahr verstrich und Ofterdingen endlich bange ward, er werde zur festgesetzten Frist nicht auf der Wartburg sein. Als er sich bei Klingsor darüber ängstlich beklagte, beruhigte ihn dieser. Er sagte: »Wir haben starke Pferde und einen leichten Wagen, wir kommen noch rechtzeitig hin.« Er gab ihm abends einen Schlaftrunk, legte ihn auf eine lederne Decke, setzte sich dazu und ließ sich und ihn von den Geistern, denen er gebot, sanft in der Nacht gen Eisenach in das beste Wirtshaus tragen. Das war dazumal der Hellegrafenhof am Sankt-Georgen-Tor, linker Hand, wenn man zur Stadt hinausging.

Als der Türmer den Tag anblies, erwachte Ofterdingen und hörte den Klang der Glocke, die zur Frühmesse läutete, von Sankt Georgen und rief: »Wie ist mir doch? Dieselbe Glocke hörte ich schon oft. Ich meinte, ich wäre zu Eisenach. Ist das nicht Sankt-Jürgen-Tor?« Klingsor lächelte und sprach: »Siehe nach, ob du nicht träumst.« Da nun die Kunde hinauf auf Wartburg kam, dass die zwei Meistersänger gekommen seien, gingen die Sänger alle herab, sie zu begrüßen und hinaufzugeleiten. Sie wurden herzlich von dem Fürstenpaare und seinem Hofstaate empfangen.

✿ ✿ ✿

»Der Sängerkrieg auf der Wartburg«, auch »Der Wartburgkrieg« genannt, ist keine Sage im eigentlichen Sinne. Es handelt sich dabei um eine Sammlung mittelhochdeutscher Sangspruchdichtungen aus dem 13. Jahrhundert. Der erste Teil wird durch die oben angeführte Sagenfassung beschrieben. Heinrich von Ofterdingen wurde vor allem von Wolfram von Eschenbach durch geschicktes Taktieren zum Verlierer gekürt. Im zweiten Teil dreht Klingsor den Spieß um und gibt Wolfram verschiedene Rätsel auf, die dieser alle lösen kann. Klingsor glaubt, dass der Minnesänger mit einer höheren Macht im Bunde ist, und beschwört einen Teufel, der Wolfram heimsuchen soll. Doch auch dieses gelingt nicht und endlich muss der Teufel zurück in die Hölle fliehen. Dieses historische Ereignis ist nicht nur durch die Minnesängerhandschrift und durch Wolfram von Eschenbachs Parzival überliefert, sondern auch in vielen kleineren Sagen und Varianten, von denen diese, die von Ludwig Bechstein überliefert wurde, eine der gängigsten ist. Die Wartburg (siehe Bildtafeln X/XI) ist aber nicht nur mit dieser Legende verbunden, sondern wie kaum eine andere Burg mit der deutschen Geschichte. Vom 4. Mai 1521 bis zum 1. März 1522 hielt Martin Luther sich auf der Wartburg auf und begann dort seine Bibelübersetzung in die deutsche Sprache. Im 19. Jahrhundert wurde die Anlage durch die studentischen Wartburgfeste berühmt und auch berüchtigt.

Die Tidianshöhle (Burg Falkenstein)

Der Eingang der Höhle ist sehr niedrig und beschwerlich. Er befindet sich am Fuß eines der Seltenberge und die Entstehung ihres Namens, Tidian, verliert sich im Dunkel der Vorzeit.

Eine verbreitete Sage macht diese weitläufige, unterirdische Höhle zu einer Goldgrube, in der so mancher Schatzgräber, von denen einige sogar aus Venedig hierhergekommen sein sollen, große Schätze gefunden hätten, so heißt es. Jedenfalls sprechen die Spuren vom Durchwühlen und Umgraben der Erde, die man hier herum findet, für den Wahrheitsgehalt der Sage, zumindest soweit es um das Suchen geht, wenngleich man an dem Finden wohl zweifeln muss. Man erzählt von einer großen Statue aus gediegenem Gold, die mehrere Personen in einem Gang der Höhle gesehen haben sollen. Mancher will davon große Klumpen abgeschlagen haben. Bei näherer Untersuchung sei festgestellt worden, dass dieses Gold an Feinheit und Reinheit alles andere überträfe. Die wiederholten Versuche dieser glücklichen Schatzgräber, noch weiteres Gold dort zutage zu fördern, seien aber nicht von Erfolg gekrönt worden, denn trotz intensiven Suchens hätten sie den Eingang zur Höhle der goldenen Schätze nicht wiederfinden können.

Unter diesen fabelhaften Sagen von der goldreichen Höhle des Tidian ist die folgende am meisten verbreitet. Sie trägt unverkennbar den romantischen Charakter der alten Zeit. Die rächende Nemesis folgt dabei dem Verbrechen stets auf dem Fuße.

Vor mehreren Jahrhunderten lebte also auf der alten Burg ein frommer gottesfürchtiger Schäfer, der im Dienst eines Grafen von Falkenstein stand. An einem St. Johannistag, als er ruhig seine Herde am Fuße der Berge weidete, erblickte der Hirte in der Mittagsstunde im Talgrund eine wunderschöne Blume, die er sogleich mit großer Aufmerksamkeit betrachtete. Er war voller Bewunderung über den seltenen Schimmer ihrer herrlich glänzenden Farben, eilte auf sie zu, pflückte sie und befestigte sie, nicht ahnend, welches kostbare Kleinod er da besäße, an seinem Hut. Kaum hatte er sich jedoch ruhig neben seiner Herde im Schatten einer Eiche niedergesetzt, als er in nicht großer Entfernung den Eingang einer Höhle erblickte, die er bis zu dieser Stunde, so oft er auch schon in dieser Gegend seine Schafe gehütet, doch noch nie wahrgenommen hatte. Erstaunt über diesen neuen Anblick und voller Neugierde auf das, was er in der

Höhle wohl finden werde, betrat er sie und sah, dass sie mit glänzendem Sand gefüllt war. Er ahnte, dass dies mehr als gewöhnlicher Sand sein müsse, füllte seine Taschen mit dem schimmernden Fund und trug denselben, ohne jemandem ein Wort davon zu erzählen, nach Magdeburg zu einem Goldschmied. Der erkannte beim ersten Anblick sogleich das edle Metall und staunte bei näherer Untersuchung über die vorzügliche Reinheit und Güte desselben. Er zahlte dem Schäfer einen ansehnlichen Preis dafür und bat ihn, in der Hoffnung auf einen künftigen, noch größeren Gewinn, doch recht bald mit neu gefüllten Taschen zu ihm zurückzukehren. Überglücklich über seinen Fund kehrte der ehrliche Schäfer zu seiner Herde zurück. Er wollte sein Glück nicht missbrauchen und erst dann zu seiner Goldgrube zurückkehren, wenn das Geld aus seinem ersten Fund aufgezehrt sei. So setzte er geraume Zeit, dabei sein Geheimnis hütend, seine Gänge zur Höhle des Überflusses und von dort zu dem Goldschmied nach Magdeburg fort.

Nun begab es sich, dass sein Herr, der Graf von Falkenstein, zu seiner bevorstehenden Vermählung mit seiner schönen Braut bei demselben Goldschmied, den der Schäfer so reichlich mit Golde versorgte, Ringe und anderes kostbares Geschmeide in Auftrag gab. Er staunte nicht schlecht, als ihn der Goldschmied fragte, ob er gewöhnliches oder tidianisches Gold haben wolle. Ihm war bekannt, dass in seinen Waldungen ein Distrikt lag, der seit langer Zeit den Namen des Tidian führte. Auf seine Frage, was das für Gold sei und woher der Goldschmied es erhielte, belehrte ihn dieser, dass das tidianische Gold das schönste und reinste sei, das man bis jetzt kenne, und dass ein alter Schäfer ihm von Zeit zu Zeit etwas davon bringe. Der Graf von Falkenstein, durch diese Antwort nur noch neugieriger geworden, bat den Goldschmied, ihn rufen zu lassen, sobald der Goldlieferant wiederkäme. Nicht lange danach erhielt der Graf die Nachricht, dass der Schäfer beim Goldschmied sei, und er säumte nicht, sich sogleich ebenfalls dorthin zu begeben. Hier fand er zu seinem großen Erstaunen seinen alten Schäfer vor, der ebenfalls überrascht war, mit seinem Herrn zusammenzutreffen. Sein lange für sich bewahrtes Geheimnis sah er nun entdeckt.

Arglos erzählte er seinem Herrn auf dessen Geheiß von dem glücklichen Abenteuer und erbot sich, ihn zu der wunderbaren Höhle des Tidian zu geleiten. Der Graf machte sich voller Ungeduld sofort in Begleitung seines Schäfers auf den Weg zur Höhle. Die Magie der Wunderblume, die der Schäfer noch immer auf seinem Hute trug, ohne um ihre geheime Kraft zu wissen, zeigte beiden den Eingang zu den unterirdischen Schätzen, von denen sie, so viel sie fortbringen konnten, mit sich nahmen.

Der Graf, entzückt über den glücklichen Ausgang seiner ersten Wanderung, überhäufte den ehrlichen Schäfer mit Liebkosungen und pries ihn als den Urheber seines künftigen unermesslichen Reichtums. Er wiederholte bald in dessen Begleitung die Wallfahrt zur Höhle des Tidian mit ebenso glücklichem Erfolg. Doch seine mit dem zunehmenden Reichtum wachsende Habsucht, seine unersättliche Goldgier, peinigte ihn Tag und Nacht mit dem Gedanken, seine Schätze mit jemandem teilen zu müssen. Der quälende Argwohn, dass der Schäfer das Geheimnis der Höhle weiterverbreiten und ihn auf diese Weise um den größten Teil seiner erhofften großen Schätze bringen könnte, verdrängte bald jedes menschliche Gefühl aus seiner Brust und verleitete ihn zu der fürchterlichen Grausamkeit, seinem Wohltäter die Augen ausstechen zu lassen. Da sprach der arme geblendete Mann, seinen Peiniger verfluchend, den Wunsch, dass die Höhle sich augenblicklich schließen solle und so lange verschlossen bleiben möge, bis drei gebrechliche Herren, ein Lahmer, ein Stummer und ein Blinder, auf dem Falkenstein residiert haben würden.

Sein Wunsch wurde erhört. Zwar ist der Eingang zu der Höhle des Tidian noch heute zu sehen, doch findet man nirgends mehr die Öffnung zu der goldreichen Grotte. Angeblich haben bereits ein lahmer und ein stummer Herr auf dem Falkenstein residiert. Es fehlt aber doch wohl noch der dritte und letzte, der blinde, der zur Öffnung der Höhle erforderlich ist.

⚜ ⚜ ⚜

Burg Falkenstein im Harz liegt bei dem gleichnamigen Ort. Sie wurde im 12. Jahrhundert erbaut. Eine weitere Sage erzählt, dass Egeno II. von Konradsburg um 1080 den Grafen Adalbert II. von Ballenstedt erschlagen habe, woraufhin der Stammsitz des Mörders in ein Kloster umgewandelt worden sei. Der Sohn Egenos, Burchard von Konradsburg, habe daraufhin die neue Burg Falkenstein errichtet. Im Jahr 1437 ging die Anlage als Lehen des Bistums Halberstadt an das Adelsgeschlecht Asseburg, in dessen Besitz es bis zur Enteignung nach dem Zweiten Weltkrieg blieb.

Der Mönch auf der Burg Ranis

Von der thüringischen Burg Ranis erzählt man sich viele Sagen. Manche davon haben mit Schätzen zu tun. So soll in den unterirdischen Gemächern von Burg Ranis einst ein Mönch gewohnt haben, welcher eine Braupfanne voll Gold besaß. Wenn die alten Besitzer der Burg Geld brauchten, wendeten sie sich an den reichen Mönch. Er gab ihnen, was sie verlangten, unter der Bedingung der pünktlichen Rückzahlung. Der Zugang zu der unterirdischen Wohnung des reichen Mannes war eng und niedrig. Er war im dritten Hofraume der Burg zu finden, rechter Hand dem Brunnen gegenüber. Vor Jahren wagte ein Knecht sich durch die Öffnung und fand den Mönch tot über der Braupfanne liegend vor. Zum Beweis schnitt er einen Fetzen von dessen Gewand ab. Als der Waghals sich jedoch an den Rückweg machen wollte, drehte sich der Mönch um und gab ihm einen Druck in den Nacken. Zwar kam der Knecht noch heil heraus, starb jedoch bald drauf. Seither ist der Zugang vermauert.

Oft erblickte man den Mönch der Burg, wie er neben dem vorderen Turm saß. Das Gesinde sah dann nicht selten mit an, wie er Geld zählte und mit dem Zählen nicht aufhören konnte. Wo er gesessen hatte, fand ein Knecht einmal etwas Geld liegen. Zudem lud der Mönch ihn ein, den Schatz zu heben, den er zu bewachen habe. Der Knecht, der eine gute, ehrliche Haut war, nahm weder das dort liegende Geld, noch mochte er sich mit der Hebung des Schatzes einlassen. Da der Mönch ihn nicht überreden konnte, brach er ihm zuletzt das Genick, denn nur durch diesen Knecht und keinen anderen hätte er durch Hebung des Schatzes erlöst werden können. Zumindest behauptete der Monch das oder der, der dies ursprünglich erzählte.

Wieder andere berichteten, dass sich allnächtlich eine stattliche Zahl uralter Männer mit langen weißen Bärten im Rittersaale der Burg Ranis zusammenfänden, nachdem sie eine lange Tafel miteinander hineingetragen hätten. Dann zählten sie die ganze Nacht hindurch Geld darauf. Am Morgen verschwänden die Greise wieder und oftmals pflegten sie von ihren Schätzen etwas unter die Schlossbewohner auszuteilen. Doch die Leute konnten nichts davon gebrauchen, denn das Geld war von Leder.

In einem Garten an der alten Stadtmauer und am Fuße der Burg hatte ein ehemaliger Besitzer des gegenüberstehenden Hauses schon oft ein Licht brennen sehen. Als dieser Mann einmal träumte, dass dort ein Schatz liege und zu heben sei, machte er sich eines Nachts auf, grub fleißig darauf los und fand tatsächlich einen Schatz. Schon hatte er sich desselben fast bemächtigt, da kam ein uralter Greis zum Tor herein und rief dem nächtlichen Arbeiter zu: »Immer noch so fleißig?« »Ja«, antwortete der Schatzgräber; doch da versank der Schatz derart schnell wieder, dass er kaum seine Hacke halten und davonbringen konnte.

⚙ ⚙ ⚙

Im Jahr 1084 wurde Wiprecht von Groitzsch von Kaiser Heinrich IV. mit dem Castrum Ranis belehnt. Die Burg galt als eine wichtige Grenzveste gegen die Slawen. Kaiser Otto IV. verpfändete die Burg samt dem Saalfeld um 1200 an die Grafen von Schwarzburg. Kaiser Friedrich II. sprach diese Besitztümer um 1220 als Lehen aus. Über die Wettiner ging die Burg an die Familie von Brandenstein über, welche sie 1571 an die Herren von Breitenbach verkauften. 1942 erwarb das Deutsche Rote Kreuz die Burg. Heute gehört sie zur Stiftung Thüringer Schlösser und Gärten. Sie ist inzwischen mit großem Aufwand restauriert worden. Das Motiv des Geldzählens an einer Tafel soll vielleicht an die Rechen- oder Zählbretter erinnern, mit denen man früher zählte. Das Rechnen auf Linien war im Mittelalter eine verbreitete Rechenmethoden und wurde insbesondere von Händlern und Kaufleuten gepflegt. Dazu positionierte man Rechenpfennige auf oder zwischen horizontale Linien.

Conrad von Einsiedel auf Burg Gnandstein

Im Jahr 1426 zogen mit Kurfürst Friedrich dem Streitbaren auch eine Anzahl der Edlen Sachsens gegen die Hussiten zu Felde. Unter ihnen befand sich Ritter Conrad von Einsiedel von Burg Gnandstein. Die Blüte des sächsischen Adels fand in jener blutigen Schlacht am 15. Juni desselben Jahres ein ruhmloses Grab. Conrad von Einsiedel gehörte zu den wenigen, die ihr Leben nicht verloren. Er floh mit einigen weiteren Kampfgenossen auf das Schloss Schreckenstein. Doch da dessen treulose Besatzung den Hussiten heimlich die Tore der Veste öffnete, musste Conrad dieselbe schon am zweiten Tag der Belagerung dem Anführer der Hussiten, Georg Dieckzinski, übergeben. Letzterer aber schenkte Conrad von Einsiedel Leben und Freiheit und ließ ihn ungehindert in sein Vaterland zurückkehren.

Um Gott für die Rettung aus der Gewalt der Feinde zu danken, beschloss Conrad, zum Heiligen Grab in Jerusalem zu pilgern und dort ein Dankesopfer zu erbringen. Er hatte jedoch das Ziel seiner Reise noch nicht erreicht, als er erneut in Gefangenschaft, diesmal der Sarazenen, geriet. Sie verkauften ihn als Sklaven. Fast dreißig Jahre lang blieb er in Sklavenketten. Im Jahr 1455 sollte er dann bei der Belagerung von Belgrad zum Schanzen verwendet werden, doch erlitt das türkische Heer, in dem er dienen musste, durch Johann Hunyades eine gewaltige Niederlage. Conrad kam daraufhin wiederum in Gefangenschaft, dieses Mal bei den Ungarn. Sie schenkten ihm aber, als sie erkannten, dass er ein Christ war, die Freiheit.

Hoffnungsvoll kehrte Conrad daraufhin zurück in die Heimat und wollte seine Gattin aufsuchen. Hoch schlug sein Herz, als er Gnandsteins Mauern sah. Doch als er am Tor seiner Burg Einlass begehrte, wies man ihn schnöde ab. Nicht einmal die Gemahlin wollte den längst tot Geglaubten wiedererkennen. Die Besitzungen des Verschollenen hatten die Verwandten bereits unter sich aufgeteilt. Der von allen verstoßene Conrad flüchtete sich nach Windschleuba zu seinem alten Jugendfreund, Hans von Gablenz. Der erkannte ihn wieder und da ihm Conrad das Wissen um bestimmte geheime Merkmale, die sowohl er, als auch seine Gemahlin an ihren Körpern trugen, anvertraute, wurde Gablenz der Vermittler zwischen den Gatten. Er überzeugte Frau und Bruder davon, dass der Zurückgekehrte wirklich Conrad von Einsiedel sei. Zwar konnte dieser die verteilten und vererbten Güter nicht wiedererhalten, man musste ihm jedoch auf Befehl Kurfürst Friedrichs des Sanftmütigen eine anständige Abfindungssumme zahlen.

Conrad erlebte noch das Glück, dass ihm seine Gemahlin, trotz ihres höheren Lebensalters, eine frohe Nachkommenschaft schenkte. Sein Stamm sollte jedoch nicht fortblühen. Nur einer seiner Söhne, Wilhelm, erreichte die Jahre des Mannesalters. Allein, auch ihm wurde das Heilige Land zum Verhängnis. Als er im Jahre 1493 mit Kurfürst Friedrich dem Weisen nach Jerusalem pilgerte, verlor er auf dem Weg dorthin auf gewaltsame Weise sein Leben.

⚜ ⚜ ⚜

Diese abenteuerliche, an Richard Löwenherz und den Grafen von Monte Cristo erinnernde Sage ist nicht leicht zu verifizieren. Ein Conrad von Einsiedel lässt sich nicht nachweisen. Allerdings gibt es unter den Vorfahren der Familie von Bieberstein, die lange im Besitz von Burg Gnandstein war, einen gewissen Norbert von Schladebach, der einen Sohn Konrad besaß. Da dieser in der Zeit der Kreuzzüge lebte, könnte der Hintergrund der Sage zutreffen. Ob im Detail, insbesondere bei den Zeitangaben, wird wohl nicht zu klären sein. Die Familie von Einsiedel, die ursprünglich aus der Priegnitz kam, war erst ab 1455 auf der Burg Gnandstein ansässig. Offizielle Kreuzzüge fanden in dieser Zeit nicht mehr statt.

Das böse Quiproquo im Schloss zu Meißen

Früher befand sich, wenn man die Treppe in der Albrechtsburg in Meißen heraufkam, eine sonderbare Historie in die Wand eingehauen, die Folgendes erzählte: Es lebte einmal eine Markgräfin, die nichts lieber hatte als blaue Violen. Wer ihr im Frühjahr die erste zeigen konnte, bekam eine schöne Belohnung. Außerdem wurde dieses freudige Ereignis immer mit Trompeten- und Paukenschall angezeigt. Einmal hatte ihr Hofmeister die erste Viole entdeckt. Um die Markgräfin besonders zu überraschen, deckte er die Blume im Garten mit seinem Hut ab. Dann ging er zur Markgräfin, um diese mit ihrer Zofe herbeizuholen und ihr die Violblume zu zeigen. Unterdessen hatte aber der Hofnarr eine ganz andere Blume unter den Hut gelegt. Das Spiel war nun verdorben und der Hofmeister erntete nur Schimpf und Spott. Diese Geschichte wurde in Meißen schon im 16. Jahrhundert von einem gewissen Philipp Hainhofer aufgeschrieben.

⚜ ⚜ ⚜

»Qui pro quo« ist die Bezeichnung für eine Verwechslung oder für ein Verwechslungsspiel. Die Sage lässt offen, ob dieser Begriff für die Verwechslung an sich steht oder ob er als Namen für den Narren angenommen ist. Es könnte aber auch bedeutet haben, dass jemand anderes – vielleicht sogar der Hofmeister selbst – für diesen Streich verantwortlich war. Bei dem genannten Philipp Hainhofer könnte es sich um den gleichnamigen Augsburger Kaufmann (1578–1647) gehandelt haben. Er unternahm als junger Mann von 1596 bis 1598 vielfältige Studien- und Bildungsreisen und ist so vermutlich auch nach Meißen gekommen.

Die 929–931 in Meißen erbaute spätgotische Albrechtsburg
gilt als Deutschlands erster Schlossbau.

Sechs Brüder bei Geyer

Kaiserliche Truppen durchstreiften im Jahre 1632 einmal die ganze Umgebung der Burg Scharfenstein. Einem Trupp herzhafter Burschen aus Elterlein und Zwönitz gelang es dabei, in der Nähe von Scharfenstein sechs Österreicher, die im dichten Wald schliefen, zu überfallen und gefangen zu nehmen. Was mit den Gefangenen zu geschehen sei, darüber entstand unter den Siegern ein heftiger Streit. Die von Elterlein meinten, dass es das Beste sei, sie alle totzuschlagen. Die von Zwönitz aber wollten nichts davon wissen. Zuletzt wurde beschlossen, sie zur Armee zu bringen. So zog man mit ihnen fort.

Als der Trupp in die Nähe von Geyer kamen, begann jedoch der Streit von Neuem. Die Elterleiner drohten gar mit Gewalt. Die Zwönitzer zogen daraufhin voller Ärger fort und überließen die Gefangenen ihrem Schicksal, das kein gutes war. Kaum waren die Zwönitzer im Wald verschwunden, fielen die mordlustigen Elterleiner über die wehrlosen Opfer her, ließen ihre Wut an ihnen aus und ermordeten fünf auf die grausamste Weise. Den sechsten warfen sie in ein tiefes Loch, in welchem ihn die Vorübergehenden noch am andern Tage jammern hörten. Zum Gedenken an diese Gräueltat nannte man diese Stelle noch lange »die sechs Brüder«. Ob die sechs unglücklichen Österreicher tatsächlich Brüder waren, ließ sich jedoch nicht mit Gewissheit sagen.

❧ ❧ ❧

Da die Geschichte in der Zeit des Dreißigjährigen Krieges angesiedelt ist, kann sie zumindest als wahrscheinlich gelten. Bauherren und erste Besitzer der Burg Scharfenstein waren die Herren von Waldenburg. 1492 wurde die Burg an Heinrich von Einsiedel verkauft.

Die Osterburg

Am Fuß des Kreuzberges in der Rhön, gegen Bischofsheim zu, liegen die Reste der Osterburg. Nach ihrer Umwallung zu urteilen, musste sie einst einen bedeutenden Umfang gehabt haben. Die Geschichte der Burg ist aber ins Dunkle gehüllt und auch über ihre Besitzer ist nichts bekannt. Doch erzählt eine Sage, dass sie das Stammhaus Bischof Heinrichs IV. von Würzburg gewesen sei, welchen man wegen seiner sparsamen Hofhaltung »Käs und Brod« nannte.

Eine andere Sage erzählt vom Untergang der Burg in den Zeiten wilder Fehden, welche die Besitzer dieser und aller Nachbarburgen miteinander gehabt hatten, wobei ihr Streben darauf ausgerichtet schien, sich gegenseitig aufzureiben.

Die Osterburg erhielt ihr Trinkwasser von einer Quelle, die am Fuße des nahen Arnsberges entsprang, ungefähr dort, wo von Hasselbach aus der Weg nach Wildfleck führt. Als einmal der Feind die Burg bereits lange vergeblich belagert hatte, fand sich ein altes Weib, das von den Rittern der Osterburg vielleicht gekränkt worden war, das jedenfalls nun aus Rache und gegen den Sold der Verräter den Ort der unterirdischen Wasserleitung verriet. Hierauf grub der Feind den Belagerten das Wasser ab und zwang sie auf diese Weise zur Übergabe der Burg. Danach zerstörten sie die Veste bis auf wenige Trümmer.

Andere erzählen diese Sage folgendermaßen: Schon lange lagen die Belagerer vor der stark befestigten Osterburg, vermochten jedoch nicht, sie zu bezwingen und ihre Besatzung zu überwältigen. Da geschah es, dass das Pferd eines Reiters, der an einer gewissen Stelle hielt, zufällig heftig stampfte, wodurch ein Teil des Bodens unter ihm einbrach. Auf diese Weise entdeckte man die Wasserleitung, grub sie ab und bezwang dadurch die Bewohner der Osterburg. In einiger Entfernung von dem Tor in Bischofsheim soll lange Zeit noch ein Säulenkapital gestanden haben, das von der zerstörten Osterburg herrührte und in die Zeit des 8. bis 10. Jahrhunderts zu gehören schien.

Wieder andere Sagen erzählen von einer weißen Jungfrau, die sich im Nebel Wanderern und Vorübergehenden zeigte und ihnen von einem vergrabenen Schatz in der alten Burgruine berichtete. Ein Schäfer hätte einmal die Gelegenheit gehabt, den Schatz zu finden, so erzählt man: Vor langer Zeit hütete er auf der Osterburg die Schafe. Damals hatte der Wald noch nicht vom Gelände Besitz ergriffen und es wuchs kaum Gras dort. Da erblickte der Schäfer ein offenes Tor, das er noch niemals zuvor an jener Stelle gesehen hatte. Er ging hindurch und kam in einen langen Gang. Eine Stimme rief: »Schäfer, deine Schafe gehen durch.« Er lief zurück, fand aber die Schafe ungestört grasen. Als er sich umdrehte, war das Tor verschwunden. Er konnte es auch nicht wiederfinden, solange er suchte.

⚙⚙⚙

Bereits im 6. Jahrhundert soll sich an der Stelle, an der die Ruine liegt, ein Stützpunkt der Frankenkönige befunden haben. Später nutzten die Würzburger Fürstbischöfe die Burg zur Absicherung gegen die Fuldaer Fürstäbte. Urkundlich belegt ist die Anlage erst ab 1200. Vermutlich wurde sie bei der Zerstörung Bischofsheims durch den Fuldaer Abt um 1270 ebenfalls zerstört.

SÜDDEUTSCHLAND

Das Fräulein auf der Wildenburg

Ein Fuhrmann, der wegen eines Deichselbruchs noch spät unterwegs war, kam nachts unweit des Dorfes Preuschen an dem Wald vorbei, aus dem oben die alte Wildenburg ragte. Plötzlich blieben die Pferde stehen und wollten sich um nichts in der Welt mehr von der Stelle bewegen. Als der Fuhrmann in seinem Ärger aufschaute, sah er aus der Ruine der Burg ein geheimnisvolles Licht strahlen. Erst als dieses verloschen war, konnte er mit seinem Gespann weiterfahren.

Die Bewohner des Dorfes erzählten ihm später, dass auf der Burg seit Langem eine geheimnisvolle Frau wandele. Es soll ein Edelfräulein aus alter Zeit gewesen sein. Sie könne erst erlöst werden, wenn aus einem der Bäume, die die Ruine überragten, eine Wiege gebaut worden sei. Das Kind, das als erstes in dieser Wiege läge, habe die Kraft und die Macht, das Fräulein zu erlösen.

Die Wildenburg – genauer: Burg Wildenberg – bei Preunschen, einem Ortsteil von Kirchzell, ist heute eine Ruine auf einem vorgeschobenen Bergsporn, 365 Meter über dem Tal der Mud. Es waren die Herren von Dürn, Gefolgsleute der Stauferkaiser, die diese Burg erbauten. Sie soll einst einen berühmten Gast beherbergt haben: Wolfram von Eschenbach. Man vermutet, dass sie das Vorbild für die Burg Montsalvaesch war, die im Parzival *als die Gralsburg beschrieben wird.*

Zwei Sagen der Bergveste Dilsberg

Als einmal der Graf von Dilsberg auf der Jagd war, wollten seine Feinde die Gelegenheit nutzen, um seine Burg zu erobern. Die Bauern konnten ihnen mit ihren Sensen und Rechen kaum entgegentreten. Stattdessen holten sie ihre

Bienenkörbe, stellten sich damit auf die Stadtmauer und warfen die Bienen auf die Angreifer herab, als diese nah genug herangekommen waren. Die Bienen vertrieben die Feinde und zur Erinnerung daran wurde direkt an der Stadtmauer ein »Bienengärtlein« angelegt.

Eine andere Sage erzählt von der Tochter des Grafen Heinrich von Dürn. Zwei Ritter hielten um ihre Hand an, Wolf von Hirschhorn und Landschad von Steinbach. Ersterem war sie zugetan, den Zweiten wies sie ab. Der schwor aber Rache und legte dem Ritter Wolf einen Hinterhalt, aus dem heraus er ihn tötete. Derweil waren schon die Vorbereitungen für die Hochzeit im Gange. Als die Braut vom Tod ihres Bräutigams erfuhr, stürzte sie sich von der Burgmauer. An der Stelle, an der sie starb, soll ein Rosenstrauch gewachsen sein, der weiße Rosen trug.

⚜ ⚜ ⚜

Dilsberg ist eine spätmittelalterliche Bergveste. Aus ihr heraus entwickelte sich später der Ort Dilsberg, der heute Stadtteil von Neckargemünd ist. Aus der zweiten Hälfte des 12. Jahrhunderts stammt der Turm, der wohl als Wohnturm angelegt worden war. Erbaut wurde die Anlage vom Geschlecht derer von Lauffen, auf die die Grafen von Dürn folgten. Seit Mitte des 13. Jahrhunderts nannten sich die hier Ansässigen jedoch Grafen von Dilsberg.

Doktor Faust zu Boxberg

Als Doktor Faust sich einmal in Heilbronn aufhielt und seine Künste in der ganzen Gegend zeigte, kam er auch dann und wann auf die Burg nach Boxberg. Dort fand er stets gastliche Aufnahme. An einem kalten Wintertag, als er mit den Herren und Damen des Schlosses in den Gartengängen der Burg lustwandelte, klagten die Damen über den Frost. Sogleich ließ Doktor Faust die Sonne warm scheinen, den schneebedeckten Boden grünen und eine Menge Veilchen und andere schöne Blumen daraus hervorsprießen. Auf sein Geheiß hin blühten die Bäume und je nach Wunsch der Gesellschaft reiften daran die Früchte: Äpfel, Pflaumen, Pfirsiche und anderes Obst. Zuletzt ließ er auch Weinstöcke wachsen und Trauben tragen, worauf er jeden einlud, sich eine Traube abzuschneiden, jedoch nicht eher, als bis er das Zeichen dazu gebe. Als sie dazu bereit waren, nahm er die Verblendung von ihren Augen und jetzt sahen sie, dass ein jeder das Messer an die Nase seines Nächsten gesetzt hatte. Der Teil dieses Gartens, wo sich das zugetragen haben soll, wird seither »der Veilchengarten« genannt.

Ein anderes Mal verließ Doktor Faust die Boxberger Burg um drei Viertel auf Zwölf. Er wollte beim letzten Glockenschlag der zwölften Stunde bei einem Gelage in Heilbronn sein. In seinem mit vier Rappen bespannten Wagen fuhr er wie der Wind davon und kam auch pünktlich in Heilbronn an. Ein Arbeiter auf dem Feld will gesehen haben, wie dies zuging: Gehörnte Geister hätten vor dem Wagen den Weg eben gepflastert und andere hinter ihm die Steine wieder ausgerissen.

⚙ ⚙ ⚙

Die Burg in Boxberg kannte drei Bauperioden. Die erste fällt in das 11. Jahrhundert. Auf den Grundmauern dieser ersten Burg entstand um 1430 eine zweite Anlage. Da die Besitzer, die Familie von Rosenberg, Raubzüge gegen Kurmainz, die Kurpfalz und auch gegen das Hochstift Würzburg führten, wurde die Burg Anfang des 16. Jahrhunderts zerstört. Eine dritte Anlage bestand von 1547 bis 1857 und wurde danach abgebrochen. Heute finden sich nur noch Turm und Mauerreste oberhalb der Stadt Boxberg. Der große Erfolg des Volksbuchs Historia von D. Johann Fausten *(1587) legte die Grundlage dafür, dass allerorts Sagen um die Figur des Doktor Faust entstanden.*

Burg Stolzeneck

Bei dem Dörfchen Lindach, wo die Berge, welche das Ufer des Neckars begrenzen, enger zusammenrücken und ein schmales, düsteres Tor bilden, durch welches der Strom wie träumend dahingleitet, ragen aus den Gebüschen des gegenüberliegenden Hanges die Mauerreste der Ruine Stolzeneck hervor. Noch Anfang des 15. Jahrhunderts war diese Burg ein weit umher gefürchtetes Raubritternest, von welchem aus Hans Horneck von Hornberg sein Unwesen trieb.

Früher lebte in dieser Burg jedoch ein junger Ritter namens Ottmar mit seiner Schwester Williswinde. Der Jüngling musste seinem Lehnsherrn in den Krieg folgen, seine Schwester, die schöne Williswinde, blieb daher mit einigen treuen Knechten und Dienerinnen auf der Burg zurück. Sie liebte die Einsamkeit, in der sie aufgewachsen war. In der Unschuld ihres Herzens dachte sie nicht daran, dass irgendeine Gefahr sie bedrohen könne. Ihr Liebling war ein Rabe, den sie selbst aufgezogen hatte. Er kam auf ihren Ruf herbei, zupfte sie am Gewand, wenn er Futter haben wollte, und begleitete sie bei all ihren Spaziergängen.

Zwei Monate waren bereits seit der Abreise des Bruders vergangen. Da der Pfalzgraf mit dem Heereshaufen, bei welchem sich Ottmar befand, nach Jülich ziehen musste, war nicht an eine baldige Rückkehr zu denken. Zwar sorgte sich Williswinde um ihren geliebten Bruder, doch vertraute sie fest darauf, dass der gute Gott ihn beschützen werde. Eines Tages wurde ein Pilger, der vorgab, aus Palästina zu kommen, auf Burg Stolzeneck vorstellig und bat um Herberge. Williswinde nahm ihn freundlich auf und setzte ihm selbst das Abendessen vor. Dabei kam sie mit ihm ins Gespräch. Sein langer Bart und der freche Blick gaben dem Pilger etwas Unheimliches, aber Williswinde verdrängte diesen Eindruck, zumal der fremde Mann so viel von den Drangsalen, die ihm auf der langen Reise widerfahren waren, zu erzählen wusste, dass sie innigen Anteil nahm. Sie ließ ihm am folgenden Tag noch ein wertvolles Geschenk zum Abschied reichen und sah ihm lange nachdenklich hinterher, als er über den Schlosshof und die Zugbrücke davonging. Als sie wieder aufblickte, stand der alte Eberhard, der Kastellan ihres Vaters, ein getreuer, wohlerprobter Diener, neben ihr.

»Fräulein«, sprach er zu ihr und deutete auf den schon fernen Pilger. »In jener Kutte steckt ein arger Schalk!«

»Warum redest du schlecht über einen Fremdling, nur weil sein Äußeres etwas Unangenehmes hat?«, entgegnete Williswinde.

»Was die Augen sehen, glaubt das Herz«, versetzte der Kastellan. »Ihr kennt doch die hübsche Fabel über Meister Reinecke, der im Pilgerrocke nach Rom wallfahren wollte und den Esel und Widder überredete, ihm Gesellschaft zu leisten?«

»Was bringt Euch auf solche Gedanken?«

»Mir ist es nicht entgangen, wie der Fuchs, der in jener Kutte steckt, mitsamt Kürbisflasche und Muschelhut, alle Mauern und Türme, Tore und Gänge unserer

Burg ausspähte. Wir müssen uns wahrlich auf einen Überfall in nächster Zeit gefasst machen.«

Williswinde konnte nicht glauben, dass solch eine tückische Hinterlist geplant sei. »Wo hätten wir denn Feinde?«, fragte sie. »In der ganzen Gegend hier rings herum lebt ja jedermann ruhig und friedlich auf seinem Besitz.«

Eberhard schüttelte den Kopf, nahm sich aber fest vor, auf der Hut zu sein und mehr Wachen aufzustellen.

Einige Tage danach kam ein Ritter nach Stolzeneck und verlangte Williswinde zu sprechen. Beim ersten Blick erkannte der Kastellan in ihm jenen verdächtigen Pilger und beschwor seine Gebieterin, alle nötige Vorsicht walten zu lassen.

»Ich will ihn nur in Eurer Gegenwart anhören«, erwiderte sie.

Der Ritter trat mit sittigem Gruße ein und erklärte ohne weitere Umschweife, dass er mit der Absicht gekommen sei, um die Hand der reizenden Herrin von Stolzeneck zu werben. Williswinde erschrak bei diesem überraschenden Antrage, fasste sich aber schnell und erwiderte: »Ich stehe unter dem Willen meines Bruders, der aber abwesend ist. Sobald er jedoch wiederkehrt, mögt Ihr Eure Werbung bei ihm anbringen!«

»Ist das Euer letztes Wort, Fräulein?«, fragte der Ritter. Sein Gesicht sah plötzlich nicht mehr freundlich aus.

Williswinde antwortete: »Ja«. Der düstere Blick des unbekannten Ritters ließ sie jedoch Unheilvolles ahnen.

»Ich weiß recht gut«, höhnte da der unheimliche Freier, »dass Frauen keinen eigenen Willen haben dürfen, sondern einem fremden folgen müssen.« Mit einer kalten Verbeugung zog er sich zurück, schwang sich auf sein Ross, das sein Knappe im Schlosshof bereithielt, und sprengte davon.

Der Vorfall hinterließ die schlimmsten Befürchtungen bei Williswinde und ihren Leuten. Sie beriet sich mit dem Kastellan und beschloss endlich auf sein Zureden, Zuflucht in einem benachbarten Kloster zu suchen. Tags darauf trat sie den Weg dorthin an. Nur ein Knecht und eine Dienerin begleiteten sie, um kein Aufsehen zu erregen. Der Weg führte durch einen einsamen waldigen Talgrund. Plötzlich stürzte der fürchterliche Ritter mit einigen seiner Gesellen aus einem Hinterhalt hervor, schlug den Knecht, der seine Herrin verteidigen wollte, zu Boden und sperrte diese in einen uralten Turm, dessen Eingang ein eisernes Gitter verschloss.

»Nach zwei Tagen hole ich mir erneut Antwort, sprödes Fräulein!«, lachte der Unhold grimmig, während er mit dem knarrenden Schlüssel das Tor verschloss. Dann jagte er mit seinem Tross und der gefangenen Dienerin, die einer seiner Gefolgsleute vor sich aufs Pferd geworfen hatte, davon.

Williswinde warf sich in dem dunkeln feuchten Raume auf die Knie und betete zum Himmel um Hilfe. Da erblickte sie plötzlich ihren getreuen Raben, der ihr bis hierher gefolgt war. Vergebens hackte er mit dem Schnabel an dem rostigen Torgitter herum, um zu ihr hineinzugelangen. Da all seine Mühe jedoch fruchtlos war, hüpfte das arme Tier ins nächste Gebüsch. Es kehrte bald mit einigen Erd- und Brombeeren zurück, die es seiner Herrin durch die Eisenstäbe hineinreichte. So hatte sie wenigstens einige Erquickung und musste nicht darben.

Das Erscheinen ihres Raben deutete Williswinde als eine Botschaft des Himmels und machte sie etwas ruhiger.

Zwei Tage vergingen. Der treue Vogel wich nicht von dem Gitter, außer, wenn er in den nahen Wald flog, um ihr Beeren und andere Nahrung zu holen. Freudig schlug er jedes Mal mit seinen bläulich schimmernden Flügeln, wenn er sah, wie seine Herrin die kleine Beute, die er ihr brachte, mit dankbaren Blicken verzehrte!

Am Morgen des dritten Tages erschien der Ritter vor dem Turm. Er wiederholte höhnisch seinen Antrag und schwur, als Williswinde statt eine Antwort zu geben nur verächtlich ihr Gesicht abwandte, sie endgültig dem Hungertod preiszugeben. Wütend jagte er davon.

Nach einem ruhigen Schlummer dank ihres innigen Abendgebetes stand Williswinde in der Frühe des nächsten Tages am Gitter ihres Kerkers, das im Morgenrot erglühte. Mit kindlichem Vertrauen schaute sie zum klaren blauen Himmel hinauf. Da hörte sie auf einmal die Töne eines fröhlichen Liedes vom Walde her erklingen. Das war nicht die raue Stimme des Räubers. Sie wagte es und rief mit aller Kraft um Hilfe.

Es war nicht vergebens. Ein Ritter in glänzender Waffenrüstung näherte sich dem Turm. Er war es, ihr heißgeliebter Bruder! Um seine Schwester zu überraschen, hatte er nichtsahnend den kürzeren Fußpfad, der am Turm vorbeiführte, nach Stolzeneck eingeschlagen, während seine Leute auf der Heerstraße dahinzogen.

Kaum hatte sie dem bestürzten Bruder berichtet, wie sie hierhergekommen war, als der Räuber herbeisprengte und, da er den fremden Ritter vor dem Turm gewahrte, mit gezücktem Schwert auf ihn losstürzte. Es fehlte nicht viel, so wäre Ottmar dem wütenden Angriff des kräftigen Gegners erlegen. Gerade noch zur rechten Zeit, ehe sein Arm ermattete, flog Williswindes schwarzer Freund, der Rabe, an der Spitze eines unabsehbaren Schwarms seiner Genossen, mit ohrenbetäubendem Krächzen auf den Räuber los. Mit grimmigem Schnabelhacken, kratzenden Krallen und Flügelschlagen fielen sie über ihn her. Er vermochte sich ihrer nicht zu erwehren. Schnell machte sich Ottmar den günstigen Augenblick zunutze und zischend fuhr seine Klinge durch das tückische Herz des abgelenkten Feindes. Mit einem grässlichen Schrei sank dieser vom Pferd. Die Raben wichen nicht von seiner Leiche; gierig schienen sie sein Blut zu trinken, hackten ihm die Augen aus und rissen seinen Leib in Stücke.

Ottmar fand im Gürtel des Toten den Turmschlüssel, öffnete das Gitter und kehrte im Triumph mit der Schwester nach Stolzeneck zurück. Das Bild des getreuen Raben wurde an einem Schwibbogen der Burg in Stein gehauen.

Die Höhenburg Stolzeneck über dem Neckar wurde um 1200 erbaut. Später war sie kurpfälzisches Lehen und wurde Anfang des 17. Jahrhunderts aufgegeben. Die Identität der in der Sage vorkommenden Personen lässt sich kaum verifizieren, da nur die Vornamen genannt werden, mit Ausnahme von Hans Horneck von Hornberg. Dieser war um 1430 zusammen mit Hans von Berlichingen für sein wüstes Treiben – »Morden, Brennen und Sengen« – bekannt. Berlichingen gehörte die Hälfte der Hornburg am Neckar, die er später komplett übernahm. Mit der Burg Stolzeneck hatte Hornberg nichts zu tun. Interessant ist die Sage aber, weil der Rabe fast wie in Hitchcocks Horrorszenario »Die Vögel« agiert, hier allerdings zu einem guten Ausgang der Geschichte beiträgt. Ein »Schwibbogen« – von althochdeutsch swibogo (»Schwebebogen«) abgeleitet – ist in der gotischen Architektur ein frei gespannter Bogen ohne ein darüber liegendes Mauerwerk.

Die Sage vom Jüngling auf der Zinne
der Burg Windeck

In dem stattlichen Wohnhaus am Marktplatze von Weinheim, direkt der Kirche gegenüber, lebte einst Graf Walther, der Vogt der Stadt war. Sah das Haus von außen schon freundlich aus, so im Innern noch zehnmal mehr. Selbst die Wände schienen vom fröhlichen Mut des Besitzers beseelt zu sein. Ständig trug der Graf Sorge für die Stadt. Ihm war keine Mühe zu groß, keine Arbeit zu schwer. Nur abends brauchte er ein Stündchen, das er ganz sein Eigen nennen konnte. Gern verplauderte er es mit einem verständigen Mann, wobei das Kelchglas mit Behagen des Öfteren geleert zu werden pflegte. Außer der guten Laune des alten Herrn und dem perlenden Rebensaft gab es im Hause noch ein weit kostbareres Gut: des Grafen Tochter Adelheid, schön und lieblich wie die erste Rose des Frühlings. Sie pflegte an der Seite des Vaters zu sitzen, mitzureden im verständigen Gespräch. Jeder Gast, dem sie den Becher kredenzte, hatte Mühe, die junge Frau wieder zu vergessen. Ihre Liebenswürdigkeit fand ihresgleichen in der Stadt nicht mehr.

Die zerstörte Burg Windeck war in jener Zeit durch Tausch wieder an das Kloster Lorsch zurückgefallen. Abt Heinrich ließ sie wiederaufbauen, schöner und fester als zuvor. Die Oberaufsicht dieses Werkes hatte der Dombaumeister Pilgram von Worms inne, ein sehr erfahrener Meister, der in dieser Angelegenheit häufig nach Weinheim kam. Die Abendstunden verbrachte er dann gewöhnlich bei Graf Walther. Pilgram war ein Mann, wie man ihn nicht oft fand: schlicht und einfach in seinem Benehmen, doch geistreich und voll gründlichen Wissens. Viele widrige Schicksale hatten in den vergangenen Jahren seinen Nacken gebeugt. Unter seinen grauen, buschigen Augenbrauen ruhte ein tiefer, ernster, manchmal wehmütiger Blick, der die Schattenseiten des Lebens gesehen hatte, sich aber freundlich verklärte, wenn er sich jemandem näherte. Er hatte sich in Ungarn eine Frau genommen, glückliche Jahre mit ihr verlebt, den Wechsel des Schicksals mit ihr geduldig ertragen und sie viel zu früh verloren. Am Ufer der Themse wölbte sich unter einer schattigen Eiche ihr Grabhügel. Sie hatte ihm einen Sohn geboren, der nun, zum Jüngling gereift, des Vaters Trost und Freude war. Er widmete sich ebenfalls der Baukunst und arbeitete mit dem Vater an der Wiederherstellung der Burg Windeck.

Graf Walther bewahrte in einem verschlossenen Schrein einen silbernen Becher, auf dem die Sonne, zwei Säulen und allerlei Maurergeräte abgebildet waren. Wenn Meister Pilgram abends beim Grafen zu Besuch war, tranken beide aus demselben Becher, nannten sich Brüder und führten geheimnisvolle Reden. War auch Albrecht, Pilgrams Sohn, dabei, kam jener Becher aber nicht auf den Tisch und das Gespräch blieb unverfänglich.

Albrecht war ein hübscher Jüngling von stattlichem Wuchs mit blühendem Antlitz. Um seinen Nacken spielten dunkle Locken, die braunen Augen blitzten und um die milden Züge seines Mundes begann ein weicher Bart hervorzuprießen. Er war gebildet wie sein Vater, gewandt im Reden, scherzte gern und fühlte sich im Innersten beglückt, wenn er bei Tisch dem Grafen und dem Vater gegenüber an der Seite des lieblichen Fräuleins saß. Manch wonnigen Abend verbrachte er so; da war es kein Wunder, dass sich bei dem Jüngling Empfindungen regten. Er geriet jedes Mal ins Träumen, wenn er an des Grafen Tochter dachte.

Einmal saß das Fräulein Adelheid im Garten in einer blühenden Hollunderlaube, an der Stelle, an der die Burg, die bereits hochgetürmt auf der Spitze des Berges stand, gut zu erkennen war. Der Tag neigte sich dem Ende zu. Fern hinter dem Rhein machte sich die Sonne daran, ihren Tageslauf zu beenden und dabei mit einem sanften Rosenschimmer den Himmel und tausend luftige Wolkenlämmer zu beleuchten.

Ein Geräusch ließ das Fräulein aus ihren sehnsuchtsvollen Träumen, die ihr der liebliche Abend geschenkt hatte, zurückkehren. Sie sah sich um und Albrecht trat mit ehrfurchtsvollem Gruß in die Laube. »Fräulein«, sprach er, »mich führt eine Bitte zu Euch, die Ihr mir nicht abschlagen dürft, denn die Gewährung kostet euch wenig und würde mich unendlich glücklich machen. Morgen halte ich den Bauspruch droben auf der Burg. Ein bunter Kranz soll mir das Fest verschönen und an dem Kranze soll ein Band, von Euch geschenkt, als höchstes Kleinod prangen. Nicht wahr, Ihr schenkt mir ein solches Band?«

Des Jünglings Wangen hatten sich gerötet, als er dies sagte. Das Fräulein aber nahm, ohne sich zu zieren, ein blaues Band aus ihren Locken und reichte es ihm lächelnd mit den Worten: »Ist das gut genug?« Voller Entzücken ergriff Albrecht gleich mit dem Geschenk auch die Hand Adelheids, presste sie inbrünstig an die Lippen und eilte darauf ohne weitere Worte davon.

Noch lange saß das Fräulein in der Laube, tief besorgt, doch ohne zu wissen, was ihr den Busen bewegte. Tausend Gedanken kamen, tausend Bilder zogen am inneren Auge der Grafentochter vorbei, doch im Hintergrunde stand immer das Bild Albrechts mit seinem verklärten Blick. Das Fräulein konnte vor freudiger Erwartung fast die ganze Nacht nicht schlafen. Unerklärlicherweise hatte sie aber auch eine bange Ahnung, die wie eine finstere Wolke über ihre Seele glitt.

Am nächsten Tag wollte sich die Sonne nicht blicken lassen. Sie blieb verhüllt in einem trüben Schleier, während ein rauer Wind durch das Tal strich. Ungeachtet dessen sammelten sich die Gäste und Zuschauer zu dem festlichen Schauspiel. Auch Graf Walther fand sich ein. An seiner Seite schritt, schön herausgeputzt, seine Tochter Adelheid. Großer Jubel erfüllte die Mauern der Burg und hallte draußen unter dem versammelten Volke wider. Da schien selbst der Himmel ein Einsehen zu haben, die Wolken teilten sich und ein heiterer Sonnenglanz überstrahlte die ganze Landschaft. Nun trat Albrecht, festlich gekleidet, auf die hohe Zinne der widerhergestellten Burg. Neben ihm, an einem dort aufgepflanzten grünen Lerchenstamm, hing der Kranz, geschmückt mit Adelheids flatterndem Band. Kühn und frei um sich blickend stand Albrecht auf dem erhabenen Mauergipfel, der Lärm des Volkes verstummte. Alles wartete auf den Bauspruch und der Jüngling begann:

Wir haben fest auf Gott vertraut
Und diese Mauern aufgebaut;
Gott schützte alle, die da waren,
Kein Unglück ist uns widerfahren.

Drum blickt mit dankerfülltem Sinn
Zum treuen Himmelsvater hin,
Das Herz zu ihm emporgehoben,
Lasst uns sein göttlich Walten loben!

Man reichte ihm einen Becher Wein. Er schwang ihn hoch empor und fuhr fort:

Jetzt und auch auf des Burgherrn Wohl
Schenkt' mir der Knab' den Becher voll:
Nie soll die Burg vor'm Feinde beben;
Der edle Herr soll friedlich leben!

Er leerte den Becher und warf ihn weit hinaus unter das Volk. Mit donnerndem Jubelrufen begleitete man dies. Ein zweiter Pokal wurde ihm nun gereicht, worauf er fortfuhr:

Dem Meister, so den Plan entwarf,
Den Riss gezogen fein und scharf,
Die Bogen wölbte und die Hallen,
Ihm soll das zweite Hoch erschallen!

Er leerte den Becher; der Volksjubel wiederholte sich, und Albrecht sprach weiter:

Zum Dritten ist der Becher voll;
Den leer ich auf der Herrin Wohl,
Um die ich ringen will und werben,
Für die ich leben will und sterben.

Und wenn sie mich nicht minnen will,
So duld' und leid' ich ewig still;
Hoch stehen auch des Himmels Sterne,
Doch labt ihr Blick in weiter Ferne.

Plötzlich riss der Wind das blaue Band, Adelheids Geschenk, vom Kranz; der Jüngling griff zu, um es noch zu erhaschen, beugte sich dabei zu weit vor und stürzte herab aus schwindelnder Höhe. Entsetzen lähmte die Zuschauer. Zerschmettert lag der Jüngling unten auf den Felsenplatten, Adelheid, wie eine starre Leiche, in den Armen ihres Vaters. Unbeschreiblicher Jammer erfüllte den alten Baumeister Pilgram, der das letzte Glück seines Lebens vernichtet sah; sein namenloser Schmerz ließ ihm keine lindernde Träne. Unter den allgemeinen Wehklagen der Menge verklang das Fest.

Man begrub Albrecht an der Stelle, wo er den Tod gefunden hatte. Über seiner Gruft baute sich Pilgram eine Hütte, in der er den Rest seiner Tage in frommer Betrachtung und stiller Trauer verbrachte. Von Zeit zu Zeit besuchte ihn dort Adelheid, die alle Lebensfreude verloren hatte. Sie netzte seine weißen Locken mit ihren Tränen und schmückte das Grabmal des geliebten Jünglings mit Blumen, deren sorgsame Pflege jetzt ihr einziger Trost war.

Viel Zeit ist seither vergangen, Efeu rankt sich längst um die Reste der Burg. Auf jener Stelle ruht aber noch immer eine heilige Weihe und der Freund der Natur findet dort schöne seltene Pflanzen, die sonst im ganzen Umkreis des Gebirges nicht mehr zu finden sind.

⚜ ⚜ ⚜

Burg Windeck wurde auf einem Bergsporn bei Bühl im Schwarzwald um 1200 von den Herren von Windeck erbaut. Zur Unterscheidung von der zu Beginn des 13. Jahrhunderts in Sichtweite errichteten Burg Neu-Windeck wird sie auch Alt-Windeck genannt. Durch ein Feuer wurde sie Ende des 14. Jahrhunderts zerstört, danach aber wiederaufgebaut. Erhalten sind heute nur noch der Bergfried, ein Turm und Teile der Ringmauer. Die geheimnisvollen Reden zwischen dem Grafen und dem Baumeister sowie der seltsame Becher deuten auf freimaurerische Rituale hin.

Sagen von Burg Alt-Eberstein

Vor Zeiten träumte einem armen Manne im Dorf Ebersteinburg drei Nächte hintereinander, er solle in der nahen verfallenen Burg an einem gewissen Platz an die Wand klopfen, woraufhin er Geld genug erhalten werde. Er erzählte einem guten Freund davon, der ihm den Rat gab, auf die Burg zu gehen und es zu versuchen. Also nahm er sich ein Herz, ging hinauf und klopfte. Da öffnete sich die Wand und er sah vor sich ein Gewölbe, in dem drei große Kisten standen. Doch auf jeder Kiste lag ein schwarzer Hund. Aus Furcht vor den Hunden hatte der Mann nicht den Mut, näherzutreten. Stattdessen ergriff er schleunigst die Flucht. Nachdem er tags darauf die Sache seinem Freunde berichtet und dieser gemeint hatte, dass durch einen einzigen Wink die Hunde vermutlich von den Kisten gesprungen wären, ging er abermals auf das Schloss und klopfte an die bewusste Stelle. Allein, sie öffnete sich nun nicht mehr und er musste erneut mit leeren Händen abziehen.

Einige Jahre später gruben mehrere Leute, darunter ein in der Schatzgräberei erfahrener Förster, in der Adventszeit fünfzehn Mondnächte hintereinander nach diesen Schätzen. Sie hatten von einer alten Frau vom Überrhein, die viele Geheimnisse wusste, erfahren, dass dort fünf Kisten voller Geld, ein silbernes

Die gesamte Anlage der Burg Vischering steht seit 1986 unter Denkmalschutz und beherbergt unter anderem das Münsterlandmuseum.

Das heutige Erscheinungsbild der Wartburg stammt, unter Einbeziehung einiger älterer Reste, aus dem 19. Jahrhundert.

Burg Hohenzollern ist die Stammburg des gleichnamigen Fürstengeschlechts des preußischen König- und Kaiserhauses.

Schloss Glücksburg ist das nördlichste Schloss Deutschlands.

Burg Sooneck von Südosten aus gesehen.

Im Jahr 1914 wurde auf Burg Altena die erste ständige Jugendherberge der Welt eingerichtet.

Die Felsenburg Trifels im Pfälzerwald hatte zwei Jahrhunderte lang den Status einer Reichsburg.

Kegelspiel und ein goldenes Kalb verborgen seien. Schon waren sie mit der Hacke auf eine eiserne Kiste gestoßen, als eine Menschengestalt auf einem schwarzen Bock aus der zerfallenen Halle hervorgeritten kam. »Seht, da kommt einer auf einem Geißbock daher!«, rief einer der Grabenden. Bei diesen Worten versank die Kiste in der Tiefe. Bock und Reiter verschwanden und die Schatzkiste ebenfalls.

In der Nähe der Burg Alt-Eberstein, des Stammsitzes der Grafen von Eberstein, stand in alter Zeit ein Nonnenkloster, welches wahrscheinlich bei einer Belagerung der Burg zerstört wurde. An dieser Stelle sollen noch gelegentlich in heiteren Nächten weiße Gestalten sichtbar sein. Die Bewohner umliegender Dörfer wollen bisweilen eine liebliche Musik von dort vernehmen.

Ein armer Mann hatte sich auf dem Platze, wo ehemals das Kloster gestanden hatte, ein kleines Haus erbaut. Da er kein Geld besaß, um den Maurer und Zimmermann zu bezahlen, hatte er alles selbst gemacht, sodass sein Haus beim Entstehen schon baufällig war. Nach seinem Tode blieb seine Witwe darin wohnen. Es war eine fromme und fleißige Frau, die sich mühsam genug ernährte. Einst in einer stürmischen Nacht saß sie noch spät am Spinnrade und sang ein geistliches Lied. Da klopfte es am Fenster und sie hörte dreimal ihren Namen rufen. In der Meinung, ein verirrter Wandersmann suche ein Obdach, stand sie auf, bekreuzigte sich und ging zur Tür. Da sie aber niemanden davor erblickte, ging sie noch einige Schritte weiter auf dem Wege hin und rief: »Ist jemand da, der ein Obdach sucht?« In demselben Augenblicke wichen die schlechtgefügten Balken und Steine ihres Häuschens auseinander und es stürzte krachend zusammen.

Die gute Frau dankte Gott inbrünstig, dass er sie durch jenes warnende Klopfen so wunderbar errettet habe. Freundliche Menschen bauten ihr Haus dauerhaft wieder auf und sie lebte noch lange darin.

༺ ༻ ༼

Die Ruinen der Spornburg Alt-Eberstein liegen auf einer Bergkuppe direkt über Ebersteinburg, das heute ein Stadtteil von Baden-Baden ist. Erbaut wurde sie von den Grafen von Eberstein um 1100. Zwei Jahrhunderte später errichteten die Grafen ein zweites Schloss bei Gernsbach, das Neu-Eberstein genannt wurde. Eine Sage darüber finden Sie in meinem Buch Sagen und Legenden des Mittelalters *(Regionalia Verlag). Ludwig Uhland hat eine Ballade über einen »Graf Eberstein« gedichtet:*

In Speyer im Saale, da hebt sich ein Klingen,
Mit Fackeln und Kerzen, ein Tanzen und Springen:
Graf Eberstein
Führet den Reih'n
Mit des Kaisers holdseligem Töchterlein.

Und als er sie schwingt nun im luftigen Reigen,
Da flüstert sie leise, sie kann's nicht verschweigen:
»Graf Eberstein,
Hüte dich fein!
Heut Nacht wird dein Schlößlein gefährdet seyn.«

Ei! – denket der Graf, – Euer Kaiserlich Gnaden,
So habt Ihr mich darum zum Tanze geladen? –
Er sucht sein Roß,
Läßt seinen Troß,
Und jagt nach seinem gefährdeten Schloß.

Um Ebersteins Veste, da wimmelts von Streitern,
Sie schleichen im Nebel mit Hacken und Leitern.
Graf Eberstein
Grüßt sie fein:
Er wirft sie vom Wall in die Gräben hinein.

Als nun der Herr Kaiser am Morgen gekommen.
Da meint er, es seye die Burg schon genommen.
Doch auf dem Wall
Tanzen mit Schall
Der Graf und seine Gewappneten all'.

»Herr Kaiser, beschleicht Ihr ein andermal Schlösser,
Thut's Noth, Ihr verstehet aufs Tanzen Euch besser!
Eu'r Töchterlein
Tanzet so fein,
Dem soll meine Veste geöffnet seyn!«

Im Schlosse des Grafen, da hebt sich ein Klingen,
Mit Fackeln und Kerzen, ein Tanzen und Springen.
Graf Eberstein
Führet den Reih'n
Mit des Kaisers holdseligem Töchterlein.

Und als er sie schwingt nun im bräutlichen Reigen,
Da flüstert er leise, nicht kann er's verschweigen;
»Schön Jungfräulein,
Hüte dich fein!
Heut Nacht wird ein Schlößchen gefährdet seyn!

Götz von Berlichingen vor Burg Krautheim

Alljährlich wird seit 1950 auf der Burg in Jagsthausen – der Götzenburg – das Schauspiel um den Ritter mit der eisernen Faust von Johann Wolfgang von Goethe aufgeführt und alljährlich ruft der Goetz von Berlichingen aus dem Turm den berühmten »Leck«-Spruch. Die Krautheimer sind darauf nicht gut zu sprechen und haben am Ortseingang eine Figur aufgestellt, die den Ritter darstellen soll, und den Spruch dazugegeben. Denn tatsächlich verhielt es sich anders. Der Ritter erzählte es selbst in seiner Autobiografie, die er, fast schon blind, an seinem Lebensabend diktierte:

»Nun will ich zum elften anzeigen, wie ich mit dem Stift Mainz in Krieg und Fehde gekommen bin«, schreibt Götz von Berlichingen im elften Kapitel. Er berichtet ausführlich und kommt endlich an den Punkt, dass er das Hohenlohische für eine Weile verlassen musste. Vorher wollte er sich aber noch ein bisschen rächen und brandschanzte an drei verschiedenen Stellen: Zu Ballenberg, zu Oberndorff und in Krautheim fackelte er das Schafhaus ab. Der Amtmann von der Burg schrie zu Berlichingen herunter: »Vorne nach Klepsen zu«. Und Berlichingen schrie herauf: »Er soldt mich hinden leckhen«.

☙ ☙ ☙

Götz von Berlichingen (1480–1562) war ein fränkischer Reichsritter, der insbesondere durch Goethes Schauspiel bekannt und berühmt wurde. Goethe kannte Berlichingens Autobiografie, deutete die Geschehnisse aber noch stärker um, als der Ritter selbst es in seiner Biografie getan hatte. Er war sehr fehdefreudig, legte sich mit jedem und allen an und wurde zuletzt unter Hausarrest auf seine Burg Hornberg gesetzt. Dort starb er am 23. Juli 1562 und wurde im Kloster Schöntal, im Kreuzgang, beigesetzt. Sein Grab ist dort heute noch zu sehen.

Die treuen Weiber von Burg Weibertreu

Über dem Städtchen Weinsberg liegt eine Burgruine, allgemein die »Weibertreue« genannt, von der die Sage Folgendes erzählt:

Es geschah im Jahr 1140, dass König Konrad III. von Hohenstaufen die Stadt Winesberg am Neckar belagerte, auf der Herzog Welf von Bayern saß. König Konrad von Schwaben war zu Waiblingen geboren und wurde deshalb von seinen Leuten »der Waiblinger« genannt. Der Bayernherzog aber, Konrads Gegner, hieß eben Welf. Daraus entstanden die Feldrufe: »Hie Welf, hie Waibling!«

Da Welf eine Schlacht bei Waiblingen verloren hatte, verschanzte er sich mit den Seinen auf dem Schloss Weinsberg, konnte jedoch eine lange Belagerung darin nicht aushalten und musste um Gnade ersuchen. Der Kaiser gewährte den Frauen auf dringendes Bitten freien Abzug und zudem die Gnade, dass eine jede von ihrem Schatz mit sich tragen dürfe, soviel sie könne. Die Männer aber sollten alle ihr Leben verlieren. Die Frauen dachten jedoch mehr an die Treue, die sie ihren Männern schuldig waren, als daran, ihr Hab und Gut zu retten. Deshalb nahm eine jede ihren Mann auf den Rücken. Herzogin Jutta ging mit ihrem Gemahl Welf voran den Berg hinab und die andern folgten ihr in langer Reihe.

Das gefiel dem Kaiser über alle Maßen gut. Er begnadigte auch die Männer, obschon sein Bruder, Herzog Friedrich, solche Gnade nicht guthieß. Da antwortete ihm aber der Kaiser: »*Regium verbum non decere immutari*«, was bedeuten sollte: »Am Königswort ziemt nicht zu rütteln«.

Als der erkrankte Florentiner Fürst Lorenz von Medici auf seinem Lager dieses Ereignis las, lachte er sich gesund darüber, so sehr gefiel ihm dieser treue deutsche Ernst, den er nicht für einen Scherz nehmen mochte, wie Deutsche selbst es getan haben, die die schöne Frauentat aus der Geschichte hinausleugnen oder darüber spötteln wollten.

⚜ ⚜ ⚜

Die Reichsburg Weinsburg wurde um das Jahr 1000 erbaut. Um 1140 kam es zu einer Auseinandersetzung zwischen Staufern und Welfen. Was die Sage erzählt, stammt aus dem Bericht der Kölner Königschronik, die im 12. und 13. Jahrhundert geführt wurde, also zeitlich nahe an den Geschehnissen war, sodass das Ereignis um die »Weinsberger Weiber« als wahrscheinlich gelten kann.

Der erste Zoller auf Burg Hohenzollern

Der alte Zoller – so nennt man im Volksmund die weithin berühmte Stammburg des Geschlechtes der Hohenzollern, deren Stamm zu Preußens Königseiche im Lauf der Jahrhunderte wuchs. Es ist eine feste Burg, auf gewaltigem Felsengrund aufgetürmt. Das starke Geschlecht, das diesen stolzen Ahnensitz gründete, ragt weit in die Frühzeit hinein und je weiter es hineinragt, umso höher hinauf schmücken es die alten Sagen und die Historien der frühen Geschichtsschreiber aus. Vom König Pharamund, vom welschen Hause Colonna, und dessen Schloss Zagarolo, vom Grafen Isenbart von Altdorf, an den und dessen Gemahlin die so häufig wiederholte Welfensage sich ebenfalls knüpft, und von noch andern wurde der Ursprung des hohen Stammes abgeleitet. Auch der berühmte Bayernherzog Thassilo wird genannt.

Der erste nachweisbare Graf von Zolre hieß Burkhard. Er starb im Jahr 1061. Dessen Urenkel war Friedrich I., Burggraf von Nürnberg seit dem Jahr 1192, und dieser ist der unumstößliche Ahnherr aller Burggrafen von Nürnberg, Markgrafen und Kurfürsten von Brandenburg, Kurfürsten und Könige von Preußen. Der Bruder Friedrichs I., der auch Burchard hieß, wurde der Ahnherr aller Fürsten von Hohenzollern. Einer seiner Nachkommen, Friedrich VII., auch »der Öttinger« genannt, war Rat eines Grafen Eberhard von Württemberg. Da der Graf aber starb und Friedrich sich nicht mit dessen Witwe vertrug, tat er ihr einiges Grobe an. Wie sie nun heftig schalt, warf er die Frage hin: »Kann mich wohl ein giftiges Weib verschlingen?« Da schrie die Gräfin voller Zorn: »Hab acht, ob ich nicht all dein Gut, dein Schloss und dein Leben verschlinge!« Von diesem Augenblick an sann sie auf nichts, als den Zoller zu schädigen oder gar zu verderben. Da er mit den Reichsstädten in Fehde kam und hart belagert wurde, kam die Gräfin von Württemberg seinen Feinden mit zweitausend Streitern zu Hilfe. Die umlagerten den Zoller und seine Mannen fest und fester, schnitten ihnen alle Zufuhr ab und verzehrten all sein Gut. Die Ulmer brachen sein Schloss und die Württemberger nahmen ihn gefangen. Die Gräfin ließ ihn in einen finstern Turm werfen und so hatte sie sein Leben täglich und stündlich in ihrer Hand. Sie nahm es ihm nicht, wohl aber nahm ihr der Tod das ihrige und der Graf kam frei. Er tat eine Bußfahrt ins gelobte Land und jubelte, als er es erreichte, weil die Gräfin sein Leben doch nicht verschlungen hatte, doch als er den Strand von Joppe küsste, da ward ihm weh in der Brust und im Herzen. Die Kerkerschauer, die er so lange hatte ertragen müssen, erwachten mit aller Macht und schlugen ihn mit dunkeln Fittichen. Da seufzte der alte Zoller: »So hat sie mich doch noch verschlungen.« Er sank in seines Knappen Arm und verstarb.

⚜ ⚜ ⚜

Burkhard I. von Zollern ist der erste der Hohenzollern, den man aus den Quellen gesichert identifizieren kann. Ob Friedrich I., Graf von Zollern (gestorben vor 1125) Sohn oder Enkel von Burkhard war, ist nicht genau feststellbar. Friedrich VII. heiratete 1298 Euphemia, die Tochter des Grafen Albrecht II. von Hohenberg. König Rudolf I. hatte diese Ehe gestiftet und damit auch die Rivalität der beiden schwäbischen Grafengeschlechter Hohenberg und Zollern beendet. Eberhard I. von Württemberg (1265–1325) wurde auch »der Erlauchte« genannt. Da er Friedrich VII. um einige Jahre überlebte, ist vielleicht Friedrich VIII. in der Sage gemeint. Allerdings ist überliefert, dass dieser eine heitere und menschenfreundliche Person gewesen sein soll, die viel Zeit im Kreis der Familie verbrachte. Ungeachtet dessen nahm er aber alle kriegerischen Verpflichtungen seiner Zeit wahr, unter anderem auch an der Seite Kaiser Ludwigs des Bayern. Wie und wen die Sage also letztendlich meint, wird vermutlich nicht zweifelsfrei zu klären sein. Zu Burg Hohenzollern siehe Bildtafel XII.

Das Feuer der Hexe (Comburg bei Schwäbisch-Hall)

Eine Witwe im Ries hatte einen Sohn. Der besaß einen Einspännigen, fuhr damit auf der Straße und ernährte so sich und seine alte Mutter. Da geschah es, dass er von einem Herrn von Hohenstein gefangen und eingesperrt wurde. Seine Mutter musste ihn auslösen. Das passierte noch ein zweites Mal. Die arme Frau opferte für die Auslösung des Sohnes all ihr Hab und Gut. Als der Sohn zum dritten Male ergriffen, auf das Schloss geschleppt und in den Turm geworfen wurde, vermochte die arme alte Witwe nicht noch einmal die Auslösung für ihn zu beschaffen, denn sie war durch die vorherigen beiden Schatzungen völlig verarmt. Obschon sie sich mit flehenden Bitten an den Ritter wandte, schlug dieser jedoch alle aus. Da sprach die Frau zu dem Herrn von Hohenstein: »Ihr habt mich zu einer Bettlerin gemacht! Und jetzt wollt ihr mir meinen Sohn im Turm verfaulen lassen! Aber ich schwöre euch, ehe noch mein Sohn verfault, sollt ihr verdorren!«

Der Ritter lachte über die vermeintlich törichte Drohung, gab der Alten einen Fußtritt und ließ sie ziehen. Sie war aber eine Hexe und machte daheim unter Zauberformeln ein Bildnis. Das setzte sie zum Feuer. Am andern Morgen nach dem Frühmahl stand der Herr von Hohenstein mit einigen Edelleuten, die ihn besuchten, auf der Brücke und unterhielt sich mit ihnen; plötzlich aber begann er zu schreien: »Das brennt, das brennt!« Er krümmte sich und schrie: »Feuer! Feuer! In meinen Eingeweiden! Die alte Hexe verbrennt mich! Sattelt, sattelt mein Pferd!« Er ächzte und stöhnte vor Schmerzen, warf sich aber auf das vorgeführte Pferd, sprengte nach Comburg in das Kloster, ließ sich mit den Sterbesakramenten versehen und war am andern Tage am inneren Brand gestorben. Er liegt zu Comburg begraben im Gang vor dem alten Kapitelhaus. Es soll der letzte Hohensteiner gewesen sein.

⚜ ⚜ ⚜

Die Grafen von Comburg-Rothenburg stifteten der Diözese Würzburg um das Jahr 1078 herum ihre Burg zum Kloster. Dieses unterstand dem Benediktinerorden. Da jedoch alle Comburger Mönche adeliger Abstammung waren, trafen die Reformbemühungen des Ordens im 15. Jahrhundert auf Ablehnung. Man weigerte sich weiterhin, nichtadlige Klosterbrüder aufzunehmen. Deshalb wurde das Kloster in ein adliges Chorherrenstift umgewandelt. Siehe Bildtafel IV, oben.

Vom Hohenneuffen

Als die Burg auf dem Hohenneuffen noch bestand, fand man einmal bei der zweiten Wache einen Eselsfuß als Wahr- und Denkzeichen aufgehängt. Die Ursache versuchte man mit der folgenden alten Geschichte zu erklären: Vor langer Zeit wurde auf der Festung ein Esel zum Wassertragen gehalten, da auf der Anlage frisches Wasser fehlte. Einst aber wurde die Burg vom Feind lange belagert, sodass die Belagerten in bitterste Bedrängnis kamen. Da fütterte man den Esel mit dem letzten Rest Dinkel so reichlich, dass er umfiel und verendete. Daraufhin wurde er geschlachtet und der wohlgefüllte Wanst über die Mauer geworfen. Als die Feinde, die bereits auf die Übergabe der Festung gehofft hatten, den vollgepfropften Eselsmagen sahen, nahmen sie an, dass die Besatzung noch genug zu essen habe, und zogen ab. Dem Esel zum wohlverdienten Andenken hängte man einen seiner Füße in der Burg auf. Die bösen Nachbarn aber nannten von da an die Neuffener die »Eselsfresser«.

Die Burg wurde zu Beginn des 12. Jahrhunderts erbaut. Mangold von Sulmetingen, der Erbauer, nannte sich später »von Neuffen«. Darüber, was dieser Name bedeuten soll, sind sich die Gelehrten nicht einig. Die einen führen es auf das keltische Nipen *»Streitburg«) zurück, die anderen auf das germanische* hnîpa *(»Steilhang«, »Berghang«). Fünfzehn Monate lang wurde die Burg im Dreißigjährigen Krieg belagert, bevor man sie dem Feind gegen freien Abzug übergab. Dieser hielt sein Versprechen allerdings nicht ein. Der Festungskommandant und seine Truppen wurden zum Dienst im kaiserlichen Heer gezwungen. Die Sage entspricht also nicht den historischen Ereignissen. Im Jahr 1823 besuchte Gustav Schwab den Hohenneuffen, fand dort aber nur Trümmer und einen Steinhaufen vor. Längeres Verweilen lohne nicht, sagte er damals wohl, auch wenn uns diese Sage etwas anderes überliefert. Heute ist der Berg Hohenneuffen ein beliebtes Ausflugsziel. 1948 wurde auf der Burg sogar noch einmal Geschichte geschrieben. Dort fand im August 1948 die Dreiländerkonferenz statt, die heute als Auslöser der Gründung des Landes Baden-Württemberg gilt.*

Der Hofnarr Perkeo im Heidelberger Schloss

Neben berühmten Bewohnern wie Friedrich V., der auch der »Winterkönig« genannt wurde, Lieselotte von der Pfalz und dem vor der französischen Revolution geflohenen Kupferstecher Charles de Graimberg soll es im Heidelberger Schloss auch einen Hofnarren namens Perkeo gegeben habe, der unter Kurfürst Carl Philipp im 18. Jahrhundert dort seine Späße getrieben und vor allem seiner Liebe zum Wein gefrönt habe, so erzählt man sich. Sein richtiger Name sei Clemens Pankert gewesen und seine Aufgabe die des Mundschenks des Kurfürsten. Weil er selbst gern trank und auf die Frage »Noch einen Becher Wein?« stets *»Perché no?«*, was bedeutet »Warum nicht?«, geantwortet haben soll, nannte man ihn bald »Perkeo«. Die Legende erzählt sogar, dass er das große Fass im Heidelberger Schloss, das rund 200 000 Liter fasste, in einem Zug austrinken konnte. Den Tod fand er jedoch durch ein Glas Wasser, das er versehentlich geleert haben soll.

⚙ ⚙ ⚙

Das Heidelberger Schloss ist das Wahrzeichen der gleichnamigen Stadt. Obwohl es eine Ruine ist, beeindruckt es noch immer, vor allem im Sommer, wenn sich der rote Sandstein dekorativ vom Grün der umliegenden Wälder abhebt. Auch wenn das Schloss hoch über ihr thront, dominiert es doch die Heidelberger Altstadt.

Schloss Heiligenberg

Man kann es vom Hohentwiel, vom Arenaberg, vom Bodensee, vom Rhein und auch von den Alpen aus sehen: Schloss Heiligenberg des Fürsten zu Fürstenberg. Es ist durch seine mittelalterliche Kunst berühmt. Das heutige Anwesen stammt zum Teil aus dem 13. Jahrhundert, teils ist es aber auch erst im 16. Jahrhundert entstanden. Die Vorgängerburg der Grafen von Heiligenberg war eine halbe Stunde westwärts, gegenüber einer Keltenveste, zu finden.

Über dieses »Alt-Heiligenberg« wird Folgendes erzählt: Zu der Zeit von Kaiserin Helena reiste einst Emerius, ein Edelmann aus dem Geschlecht der Marpach aus Trier, nach Rom. Dieser erhielt von der Kaiserin den Auftrag, in die deutschen Lande zu gehen, um dort eine Stätte zu suchen, zu der sie einen Teil der Heiligtümer aus Palästina hinsenden könnte, damit diese dort angemessen verehrt würden. Emerius besah sich manchen Ort. Zuletzt kam er in Schwaben auf einen Berg, der ihm gefiel. Er ließ dort eine Kapelle zu Ehren des heiligen Kreuzes erbauen. Anschließend berichtete er der Kaiserin, was er in Schwaben gefunden und geschaffen habe. Helene bat ihn, auch nach jemandem zu suchen, der auf dem Berg seine Wohnung nehmen wolle. Da antwortete er: »Sollte es von Euch gutgeheißen werden, so ziehe ich mit Weib und Kindern selbst dorthin. Es gefällt mir dort über alle Maßen gut.« Dafür sagte sie ihm Dank und bat ihn, dies zu tun.

Helena sandte dem Emerius also ein großes Stück vom Heiligen Kreuz, von Krone, Säule, Geißel, Rute und von dem Essigschwamm, außerdem Teile vom Haar Marias sowie von ihrem Mantel und Schleier, von Jesu Spottkleid und von dem Stein, auf dem er am Ölberg gebetet hatte. Sie gab ihm noch manches andere Heiligtum, dazu viel Gold und Silber. Emerius baute sich davon auf dem Berg in Schwaben eine schöne Veste. Kaum war er damit fertig, kam eine fürchterliche Seuche auf. Die Leute fielen nieder und viele von ihnen starben. Auf einem Feld am großen See wohnte zu jener Zeit eine heilige Frau namens Clareta. Dieser erschien ein Traumgesicht, welches ihr mitteilte, dass die Krankheit ein Ende nähme, wenn die Menschen auf den neuen Berg pilgern würden. Von da an gab es großen Zulauf zum Berg, der samt Veste jetzt der »Heiligberg« genannt wurde. Die Söhne des Emerius führten bald selbst den Namen derer »von Heiligenberg«.

Das Emporkommen der Heiligenberger war aber anderen ein Dorn im Auge. Eine große Streitmacht erschien am zwölften Tage des März vor dem heiligen Berg. Vier Tage lang lagerten sie bereits vor der Burg. Da wurden sie alle mit Blindheit geschlagen. Auf Frau Claretas Rat hin schlossen die Belagerer jedoch Frieden mit den Burgleuten, wurden zu den Heiligtümern geführt und durch deren Segenskraft von Stund an wieder sehend. Zum Dank übergab einer der vormals feindlichen Herren seine Tochter dem Sohn des Emerius, der Alban hieß, zur Frau. Emerius ließ für das junge Paar die Burg Waldsee erbauen.

⚬⚬ ⚬⚬ ⚬⚬

Graf Berthold von Heilgenberg ließ die Burg im 13. Jahrhundert errichten. Im 16. Jahrhundert ging sie an das Haus Fürstenberg. Dieses baute es zu einem Renaissanceschloss aus. Der prunkvolle Rittersaal wurde zwischen 1580 und 1584 gestaltet, als es schon keine Ritter mehr gab. Mit Kaiserin Helena ist Flavia Julia Helena (geboren um 248/250 und gestorben am 18.8.330), die Mutter Konstantins des Großen, gemeint. Dass es zu ihrer Zeit bereits eine Burg gegeben haben soll, ist unwahrscheinlich. Die Vorgänge, die später zu der Ausgestaltung der Sage führten, sind sicher in späterer Zeit zu verorten.

Die Gründung der Minneburg

In dem romantischen Tal gegenüber von Neckargerach, wo sich der Neckar zwischen den Höhen des Odenwaldes seinen Weg bahnt, bevor er sich mit dem mächtigen Rhein verbindet, liegen auf einer schönen, waldreichen Anhöhe die Ruinen der Minneburg. Bestieg man den Berg von der Morgenseite her, eröffnete sich dem entzückten Wanderer die herrlichste Aussicht in das freundliche Neckartal und auf die Wälder des Odenwaldes. Die romantischen Trümmer, der altersgraue Turm, die bemoosten Hallen und Steine verstärkten noch das Bild, das sich dem Wanderer bot. Im Neckartal erzählt man sich Folgendes vom Ursprung dieser Burg:

Im 14. Jahrhundert lebten auf der Burg Zwingenberg, die in der Nähe des Dorfes Lindach, am Ufer des Neckars liegt, die letzten Sprösslingen eines alten Geschlechts, zwei Brüder und drei Töchter. Friedrich und Kunz von Zwingenberg waren zwar tapfere, aber äußerst unruhige Ritter, die mit ihren Nachbarn und dem Reich stets in Unfrieden lebten. Das hatte ihnen bereits manchen Nachteil eingebracht. Selbst das Bitten und Flehen der sanften Schwestern half nicht, die wilden Gemüter der Brüder zu beruhigen. So kam es, wie es kommen musste. Kaiser Karl IV. war eines Tages der ewigen Unruhen und Streitereien müde und befahl, den Zwingenberg zu stürmen und zu zerstören. Die trotzigen Brüder setzten sich unter Aufbietung all ihrer Kräfte zur Wehr und kämpften mit dem Mut der Verzweiflung um das Erbe ihrer Väter, wurden letztendlich aber doch überwältigt. Beide büßten dabei ihr Leben ein.

Friedrich und Kunz von Zwingenberg wurden wenig bedauert, da sie sich durch ihre Streitlust rundum bei den Nachbarn verhasst gemacht hatten. Das spurlose Verschwinden der drei Schwestern beklagte man jedoch allgemein. Nach der Zerstörung der Burg hatte man nichts mehr von ihnen gehört und keiner zweifelte daran, dass in den rauchenden Trümmer der Burg Zwingenberg auch die schuldlosen Schwestern begraben worden seien. Groß war die Betrübnis aller, die sie gekannt hatten. Am heftigsten traf der Schmerz jedoch die drei Söhne des Ritters Hugo von Zabern. Sie hatten längst mit den anmutigen Mädchen den Bund der Herzen geschlossen und waren nun trostlos über ihren Verlust. Eines Morgens durchstreiften sie, nur von ihren Hunden begleitet, die Täler des Odenwaldes. Sie gelangten an die Ufer des in seinem Felsenbett dahinrauschenden Neckars, als plötzlich ein Hund anschlug. Sie standen vor dem Eingang einer vom üppig wuchernden Grün fast verdeckten Höhle. Die Jünglinge glaubten, Wild sei in darin verborgen. Deshalb machten sie sich zum Angriff bereit und bahnten sich durch das Gesträuch den Weg bis ins Innere des Felsens.

Wer schildert jedoch ihre Verwunderung, als sie statt der erhofften Jagdbeute drei weibliche Gestalten erblickten? Durch das Eindringen der drei Männer überrascht, schrien diese laut auf und flohen in den dunkelsten Winkel der Höhle. Als sie jedoch die Jünglinge erkannten, fielen sie ihnen in die Arme. Es waren die vermissten, totgeglaubten Schwestern, die sich, nur von einem einzigen alten, treuen Diener begleitet, in die Einsamkeit gerettet hatten. Sie hatten die Rache der Feinde ihrer Brüder gefürchtet, die sie auch nach deren Tode noch nicht erloschen glaubten. In der einsamen Grotte hatten sie die Zeit seit der Zerstörung der Burg zugebracht, um den günstigsten Zeitpunkt abzuwarten, an dem sie wieder aus ihrer Abgeschiedenheit hervorkommen könnten.

Bereits wenige Tagen nach ihrer Entdeckung wurde das Vermählungsfest der drei seligen Paare gefeiert. Bei der Höhle aber, aus welcher die schönen Einsiedlerinnen sehnsüchtig ins Tal geschaut hatten, ließen die Söhne Hugo von Zaberns eine stattliche Burg erbauen, die sie die »Minneburg« nannten. Hugo, der jüngste Bruder, erhielt sie für sich und seine geliebte Elisabeth zum Wohnsitz. Den treuen Hund, welcher die Ursache der Entdeckung der Jungfrauen gewesen war, ließen sie in Stein nachbilden und schmückten mit dieser Skulptur das Burgtor.

⚙ ⚙ ⚙

Erste Erwähnung fand die Minneburg im Jahr 1339, als Eberhardt Rüdt von Collenburg sie durch Heirat erwarb. Man vermutet eine staufische Gründung, kann dies aber nicht belegen. Im Dreißigjährigen Krieg wurde die Burg teilweise zerstört, in den folgenden Jahrhunderten als Steinbruch genutzt. Renovierungsversuche gab es ab Ende des 19. Jahrhunderts, doch konnten auch diese einen weiteren Verfall nur ungenügend aufhalten.

Die Sage vom Marmorbild (Burg Hohenbaden)

Es war gegen Ende des 15. Jahrhunderts, als Markgraf Christoph I. von Baden die alte Stammburg seiner Ahnen verließ und das neue Schloss bezog, das er auf dem Hügel, dicht über der Stadt Baden, hatte erbauen lassen. Seine Mutter blieb mit zwei Hoffräulein, einem jungen Edelmann sowie der nötigen Dienerschaft und Schlosswache auf der alten Burg zurück. Der Edelmann aus dem Geschlecht der Freiherren von Keller hatte die Fähigkeit, sich leicht die Gunst der Frauen zu erwerben. Allerdings waren seine Sitten ziemlich locker. Vor allen anderen Damen aber hatte die reizende Klara von Tiefenau sein Herz mit festen Banden umstrickt. Er hatte sie im Hause ihres Vaters, der als markgräflicher Vogt in Kuppenheim lebte, kennengelernt. Ein bequemer Weg führte damals vom alten Badener Schloss nach Kuppenheim durch einen dichten Wald. Der Junker machte täglich, unter dem Vorwand, auf die Jagd zu gehen, in den Morgen- oder späten Abendstunden diesen Spaziergang, um die Dame seines Herzens wenigstens auf Augenblicke zu sehen.

Bei einem dieser Nachtspaziergänge, bereits auf dem Heimwege im hellen Vollmondschein – das Horn des Burgwächters hatte eben Mitternacht verkündet –, da kam es dem Edelmann plötzlich vor, als sitze wenige Schritte von ihm entfernt am Wegrand eine in einen Schleier gehüllte weibliche Gestalt. Abenteuerlustig wie er war, schritt der junge Mann ohne Zögern auf die Erscheinung zu. Doch je näher er dem verschleierten Wesen kam, desto unbestimmter wurden dessen Umrisse. Mehr und mehr verschwammen sie im Nebel und verschwanden endlich ganz, als er die Hand nach der Gestalt ausstreckte. Da wandelte ihn doch ein leises Grauen an. Aber beherzt und leichtsinnig wie er war, ging er, die Sache als ein Trugbild seiner Fantasie deutend, am folgenden Abend wieder an derselben Stelle vorbei, um darüber ins Klare zu kommen. Die Gestalt saß, wie am Abend zuvor, erneut auf dem nämlichen Rasenplätzchen. Diesmal hatte sie jedoch den Schleier zurückgeschlagen. Das von einer Fülle dunkler Locken umwallte Haupt auf die Hand gestützt, sah sie den Junker an. Der stutzte einen Augenblick, trat aber dann, sich über seine Bedenken innerlich scheltend, mit ritterlichem Gruße auf die Dame zu. Wie in der Nacht zuvor zerfloss sie in lichten Nebelstreifen.

Tags darauf erzählte der Junker von Keller sein Erlebnis dem Burgkastellan, einem klugen und bereits bejahrten Mann. Von ihm erfuhr er, dass auf der Stelle, wo er das Trugbild gesehen hatte, vor alter Zeit ein heidnischer Tempel gestanden haben solle. Diese Stelle sei im Volk verrufen und niemand aus der Umgegend wage es, nachts dort vorüberzugehen.

Der Junker war keineswegs abergläubisch. Was ihm der Kastellan mitgeteilt hatte, reizte jedoch seine Neugier auf eine andere Weise. Gleich am nächsten Tag ließ er an der geheimnisvollen Stelle nachgraben und bald fand man dort einen kleinen, zierlichen, noch wohlerhaltenen altrömischen Altar, der, wie die lateinische Inschrift mitteilte, der Nymphe dieses Hains geweiht war. Einige Spatenstiche tiefer entdeckte man eine Marmorbüste. Die Arme und der Teil des Körpers von der Brust abwärts fehlten, schienen gar absichtlich abgeschlagen worden zu sein. Einen vollendeteren und schöneren Mädchenkopf und Nacken konnte man sich aber kaum vorstellen. Der erste Frühlingstraum des Lebens schien um Stirn und Augen zu spielen. Ein Schleier umhüllte nur einen kleinen Teil der üppigen Locken, die zum jugendlich schwellenden Busen herunterringelten. Der Junker ließ den Altar und das Marmorbild auf dem Platz aufstellen, wo man sie ausgegraben hatte. Man nannte Letzteres bald schon »Kellers Bild«.

Der Jüngling hatte sich jedoch in die reizende Marmornymphe in unerklärlichem Wahn verliebt. Er konnte trotz des Unheimlichen und Gespensterhaften, das die Erscheinung im Wald umgab, sein Herz nicht in den Griff bekommen. Bald darauf zog es ihn um die Mitternachtsstunde, wenn eben der Mond jene Stelle wieder beleuchtete, zu dem Bildnis hin. Da saß die jungfräuliche Gestalt, dieselbe, die er schon zweimal gesehen hatte, am Fuße des Altars. Doch diesmal löste sie sich nicht, wie sonst, in Nebel auf. Ihre Umrisse traten vielmehr immer deutlicher ins Licht, je näher der Jüngling ihr kam.

Ein beherzter Knecht aus der Burg war ihm aus Neugier insgeheim nachgeschlichen und in einiger Entfernung stehengeblieben. Er sah und hörte, wie der Junker mit der Erscheinung ein Gespräch anknüpfte, aber als er sie gar in seine Arme schloss, da wandelte den Lauscher ein solches Grauen an, dass er eilig zur Burg zurückeilte.

Am Morgen darauf entdeckte man den Junker von Keller tot am Fuße des Altares liegen. Das Marmorbild selbst war jedoch verschwunden und wurde nicht mehr aufgefunden. Kellers Bruder ließ den Altar in Trümmer schlagen und an dessen Stelle einen Bildstock mit den Symbolen der Erlösung errichten. An dem Ort aber, wo der Leichnam des Jünglings gefunden worden war, errichtete er ein steinernes Kreuz. Beide Denkmale stehen noch am ursprünglichen Weg, der vom alten Schloss Baden nach Kuppenheim führt.

⚜ ⚜ ⚜

Das Schloss Hohenbaden – vorher: Burg Hohenbaden – war im Mittelalter der Sitz der Markgrafen von Baden. Ende des 14. Jahrhunderts entstand die Unterburg, die später erweitert wurde. Zuletzt soll die Anlage über 100 Räume besessen haben. Nachdem Markgraf Christoph I. die Residenz 1479 in das neue Schloss in der Stadt Baden verlegte, diente das »Alte Schloss« nur noch als Witwensitz, wurde ein Jahrhundert später durch Brand zerstört und verfiel dann. Das Motiv des »Marmorbildes« war insbesondere in der Romantik sehr beliebt, obwohl es bereits aus der Antike bekannt war. Die gleichnamige Novelle von Joseph von Eichendorff zählt zu den bekanntesten Erzählungen dieser Thematik. Die Sage wurde erstmals notiert von Aloys Schreiber und veröffentlicht in Sagen aus den Rheingegenden und dem Schwarzwalde, *Heidelberg 1939.*

Der Klopfer und der Staufer-Geist (Burgruinen Hohenrechberg und Hohenstaufen)

Nicht weit entfernt von dem berühmten Berg, auf dem die Wiege der mächtigen Hohenstaufer stand, von deren Stammburg jedoch die letzten Trümmer vom Zahn der Zeit hinweggenagt wurden, ragt auf stattlicher Höhe die Ruine Hohenrechberg.

In dieser Burg soll über lange Zeit ein Geist gehaust haben, der »Klopfer«, insgeheim »Klopferle«, genannt wurde. Es soll ein anderer Klopfer gewesen sein als der im Schloss zu Flügelau, der ein eher dienstwilliger Hilfsgeist war und doch recht koboldhaft tückisch, denn als er einst erzürnt wurde, sei er feurig durch den Schornstein gefahren und habe das Schloss in Brand gesteckt. Der Hohenrechberger Klopfer, erzählte man, sei jedoch ein vorhersagender, ahnungsvoller Geist gewesen.

Einmal zog ein Ritter von Rechberg, Ulrich II., in die Ferne zu Kampf und Krieg. Vergebens hoffte seine Frau, Anna von Wenningen, auf seine Rückkehr. Der Ritter hatte einen treuen Hund, der konnte Briefe zutragen – wie der kluge

Stutzel zu Winterstein – und kam bisweilen von seinem Herrn geschickt und brachte Kunde. Zuletzt jedoch blieb der Hund aus. Als eines Tages die Frau innig für ihren fernen Gatten betete, störte sie ein lautes Klopfen in der Andacht. Sie rief unwillig: »Ei, so klopfe ewig und drei Tage!« Doch als das Klopfen nicht nachließ, öffnete sie doch. Da war es der treue Hund, der vor der Tür stand. Er blickte sie traurig an, hatte aber keinen Brief dabei. Drei Tage später trugen Knappen des Ritters Leichnam in sein Schloss. Die Frau grämte sich darüber zu Tode, hörte aber vorher das Klopfen wieder, schalt diesmal jedoch nicht mehr, sondern sagte bloß: »Ich komme« – und starb drei Tage später. Von da an hat es stets drei Tage vor dem Tod eines jeden Rechbergers geklopft, ohne dass jemals eine Erscheinung sichtbar geworden wäre. Das Geschlecht der Rechberger aber stieg zu hohen Ehren auf, wurde in den Grafenstand erhoben und die Herren nannten sich fortan Grafen vom Rechberg und roten Löwen. Seit 1317 hieß die Burg Hohenrechberg.

Im alten Schloss zu Sachsenheim soll es ebenfalls ein unruhiges Klopferle geben.

Ein anderer Geist, so erzählt man, wandelt in Gestalt eines Lichtes – es ist also unzweifelhaft ein Lichtgeist – von Hohenrechberg nach Hohenstaufen und wieder zurück und zwar hauptsächlich zur Herbstzeit, unbeirrt durch Sturm- und Regennächte. Bald geht das Licht langsam, bald erhebt es sich. Dann und wann wächst es wie ein Backofenfeuer, wandelt an der Burg vorbei bis zu einer Stelle unter der Kirche auf dem Burgberg und legt sich dann gegenüber an den Hohenstaufen, bis die Morgenglocke ertönt. Die Bewohner der umliegenden Dörfer halten dieses Licht für den Staufer-Geist. Die Sage weiß nicht zu berichten, dass schon jemals einer so vorlaut gewesen sei, es anzusprechen.

⚜ ⚜ ⚜

Burg Hohenstaufen ist die Ruine einer mittelalterlichen Gipfelburg bei Göppingen. Besiedelt wurde das Areal, auf dem die Ruine liegt, schon in der Merowingerzeit, wie neueste Forschungen ergaben, vermutlich sogar noch früher. Die Burg, von der heute noch Ruinenreste zu finden sind, wurde von Stauferherzog Friedrich I. von Schwaben um 1070 erstmalig erbaut. Von der Spornburg Hohenrechberg bei Schwäbisch Gmünd ist, obwohl auch Ruine, mehr erhalten. Erbauer der Burg war, so ist es anzunehmen, Ulrich von Rechberg, vermutlich zwischen 1200 und 1250.

Der Rechberg, auf dem die Burgruine Hohenrech liegt, ist ein Zeugenberg und gehört zu den Drei Kaiserbergen.

Die Rüden vom Kollenberg (Collenburg bei Dorfprozellten)

Auf einem Hügel bei Dorfprozelten liegen die Trümmer der einstigen Veste Kollenberg. Auf besonderen Reichtum ehemaliger Bewohner lassen die Ruinen dieses Schlosses nicht schließen; es scheint weniger eine Burg als ein festes Wohnhaus gewesen zu sein, wie man es in alten Zeiten zwecks Schutz und Trutz zu bauen pflegte.

Der ehemalige Herr von Kollenberg liebte ein armes, sittsames Mädchen, das aber auch von dem reichen Grafen zu Wertheim begehrt wurde. Als der Kollenberger sein Schloss gebaut hatte, trat er vor die Jungfrau, überreichte ihr eine Rose und sprach: »Wollt Ihr meine eheliche Gemahlin werden, dann ist dieses Haus Euer Eigentum. Prüft Euch, ob Ihr mich lieben könnt. In drei Tagen will ich mir die Antwort holen.«

Am selben Tage erschien auch der stolze Graf von Wertheim, brachte ein kostbares seidenes Kleid und andere wertvolle Geschenke, goldene Ketten und Spangen für die holde Jungfrau mit und sagte: »Eure Schönheit und Tugend wird weit und breit gerühmt. Sie soll aber nicht länger unbelohnt bleiben. Ich will Euch als Gemahlin heimführen in mein Grafenschloss. In drei Tagen werde ich kommen und Euch abholen.«

Nach drei Tagen kamen sie beide, der von Kollenberg und der von Wertheim, und wollten Bescheid. Als die Jungfrau erschien, trug sie das Röslein in der Hand, ging an dem Grafen von Wertheim und seinem Gesinde vorüber, gab dem Kollenberger die Hand und sagte: »Euch will ich und keinen anderen!« Da ward sie des Kollenbergers Weib und zog mit ihm auf sein Schloss. Obwohl sie keinen Überfluss miteinander hatten, lebten sie doch sehr glücklich und zufrieden.

Der Graf von Wertheim konnte es aber nicht verwinden, dass die Jungfrau den Kollenberger ihm vorgezogen und ihn selbst verschmäht hatte. Täglich ihren vermeintlichen Unverstand vor Augen, sagte er frevelnd: »Nun wollen wir das Stück vom reichen Mann und dem armen Lazarus aufführen!«. Er baute weiter unten am Main ein hohes, herrliches Schloss und nannte es Freudenberg. Dort heiratete er eine reiche Landgräfin, die ihm nach einem Jahr ein Söhnlein gebar. Er lebte mit seinen Gesellen Tag für Tag in Saus und Braus und wenn er es sich mit seinen Gästen wohl sein ließ mit Singen und Trinken bis in die späte Nacht, dann deutete er hinauf auf den Kollenberg und rief: »Jetzt wird des Hungerleiders Weib merken, wo man herrlich und in Freuden lebt.« Wenn er aber hie und da einmal in ihre Nähe kam, ließ er sich nichts anmerken, sondern tat freundlich gegen sie und viel demütiger als ehemals.

Einmal begegnete dem Grafen auf der Jagd ein altes Weib. Die Frau versprach ihm, wenn er sie gewähren lasse, wolle sie es doch noch dahin bringen, dass des Kollenbergers Weib ihm hold werde. Das gefiel dem Grafen, denn er wollte sich nur zu gern an dem Kollenberger rächen. Er sandte das Weib mit einer feinen goldenen Kette auf den Kollenberg, ließ dazu der Burgfrau einen freundlichen Gruß ausrichten und bat um ihre heimliche Gunst. Diese aber verwies dies Ansinnen mit heftigen Worten. Doch das alte Weib erschien gleichwohl wiederholt und brachte des Grafen Begehren vor. Da drohte die Burgfrau dem Weibe im höchsten Zorn, falls es sich noch einmal das Schloss zu betreten erlaube, wolle sie es mit Hunden hinaushetzen. Da lachte die Hexe, denn eine solche war das Weib, grimmig und sprach: »Mit Hunden, du Bettlerin? Es soll ein Wort sein. Ich will dir selber die Hunde dazu schaffen und zwar sogleich, wenn du jetzt in die Wochen kommst!«

Als der Graf von Wertheim sah, dass sein böses Vorhaben nicht glückte, geriet er in großen Zorn und beschloss, nicht eher zu ruhen, bis er den Kollenberger vertrieben hätte. Er fing einen Streithandel mit ihm an über die Kirschhöhe, die er als sein Eigentum behauptete, und als er vor Gericht verloren hatte, ließ er sich dadurch nicht irremachen, sondern vertrieb des Kollenbergers Leute und nahm die Höfe mit Gewalt in Besitz. Der Kollenberger wollte sich das nicht gefallen lassen, brachte so viele Leute auf, wie er konnte, und wollte ritterlich mit dem Wertheimer kämpfen.

Als er loszog von seinem Schloss, war sein Weib gerade ihrer ersten Niederkunft nahe. Die Frau hatte die Rede der Alten nicht vergessen können und so geschah es, dass sie, als sie in Abwesenheit ihres Mannes gebar, zwei kohlschwarze Hunde zur Welt brachte. Entsetzt darüber und kaum wissend, was sie tat, gebot sie ihrer Magd, die Hunde in einen Sack zu tun und sie, ehe ihr Mann heimkehre, in dem Wiesenbrunnen am Main zu versenken.

Ihr Gatte war aber an demselben Tag mit dem Grafen von Wertheim aneinandergeraten und hatte im Streit all seine Leute verloren. Zwar hatte er selber den Grafen vom Pferde gerannt und ihm einen Schwerthieb über den rechten Arm gegeben, doch es waren der Feinde zu viele gewesen. Zuletzt entkam er als einziger. Als er traurig und kampfesmüde den Main herauffritt, begegnete ihm die Magd, die eben die Hunde auf ihrer Herrin Geheiß in den Brunnen werfen wollte. Das Mädchen erschrak zu Tode, der Kollenberger aber fragte: »Was trägst du da?« Sie wollte leugnen und Ausflüchte machen; endlich aber erzählte sie ihm die traurige Geschichte. Da sagte der Ritter: »Heute habe ich mein rechtmäßiges Eigentum und alle meine Getreuen im ehrlichen Kampfe verloren; das ist Unglücks genug, nimmermehr kann ich glauben, dass Gott einen Menschen, den er selber mit seiner Rute geschlagen hat, auch noch dem Teufel zum Spott werden lässt.«

Da trat er hinzu und machte den Sack auf, doch waren statt der kohlschwarzen Hunde zwei schöne Knaben darinnen. Die streckten die kleinen Hände nach dem Ritter aus und lachten, dass sein trauriges Gemüt wieder fröhlich wurde. Er nahm die zwei Knäblein, trug sie die Treppe hinauf ins Zimmer seiner Gemahlin und sagte lächelnd: »Da schau dir deine zwei Rüden erst noch einmal an, bevor du sie ins Wasser werfen lässt. Danach tue, wie es dir gefällt!«

Am Abend kehrte auch der Graf von Wertheim zurück auf seine Festung Freudenberg. Als man dort von des Kollenbergers Niederlage hörte, gab es großes Jubelgeschrei. Die Landgräfin hatte das Tor festlich schmücken lassen. Sie stand unter dem Eingange und hielt ihm sein Knäblein entgegen, dem sie ein purpurnes Kleid angetan hatte. Die goldene Kette, die er einst durch die Hexe dem Weib des Kollenbergers angeboten hatte, wurde dem Knaben umgehängt. Der Graf nahm das Kind auf seine Arme, schritt stolz mit ihm voran in den Schlosssaal, hielt es dort zum Fenster hinaus und sprach: »Sieh, jetzt ist das alles, soweit das Auge reicht, dein Erbe!« Da spürte der Graf in dem Arm, der vom Kollenberger den Schwertschlag erhalten hatte, einen starken Schmerz. Seine Hand öffnete sich und ließ das Kind los. Der Knabe stürzte schreiend hinunter und blieb zerschellt auf einem Felsstück liegen.

Am Tage darauf ließ der Graf dem Kollenberger ausrichten, er solle seine Höhe wieder in Besitz nehmen. Er legte sein zerschmettertes Kind in einen Sarg und hieß die Leiche nach Wertheim zur Gruft geleiten. Hinter dem Sarge gingen die Landgräfin und die Leute des Grafen. Als alle durch das Tor geschritten waren, erschien zuletzt auch der Graf und schloss es eigenhändig zu. Am Main angekommen schleuderte er den Schlüssel mitten in den Strom, kehrte sich zur Burg um, auf der eine große schwarze Fahne aufgesteckt war, und rief: »Freudenberg bist du genannt, aber die Bosheit hat dich gebaut, darum bist du eine Trauerburg geworden. Dich wird mein Fuß nie mehr betreten.«

Die Burg zerfiel mit der Zeit. Des Kollenbergers Söhne aber wurden groß, stark und tapfer und dienten im kaiserlichen Heer. Da der Kaiser Kunde bekam von dem, was sich mit ihnen begeben hatte, gab er ihnen einen Hund zum Wappen und gebot, dass sie und ihre Nachkommen sich die »Rüden vom Kollenberg« nennen sollten.

❦ ❦ ❦

Als Erbauer der Collenburg gilt Walter Schüpf, der zu den Schenken von Limpurg gehörte. Sein Vorfahr hatte bereits die Clingenburg am Main und die Henneburg bei Stadtprozellten gebaut. Nach seiner Hochzeit zog er jedoch fort. Als er gestorben war, übereignete seine Witwe die Collenburg an den Deutschen Orden, der die Burg Wipertus Rüde de Rüdenau zu Lehen gab. Die Rüdt von Collenberg sind seine Nachfahren.

Spuk auf der Henneburg

Die Deutschherren hatten im 14. Jahrhundert die starke Burg bei Prozelten erworben. Der damalige Großmeister Siegfried von Perchtwangen war von ihrer Lage und Schönheit so begeistert, dass er sie noch weiter ausbauen und befestigen ließ. Und er machte es allen künftigen Besitzern zur heiligen Pflicht, sie niemals verfallen zu lassen.

Eine Gräfin von Henneberg, die nach dem Tod ihres Gatten alleinige Herrin des mächtigen Schlosses war, fühlte sich trotz ihrer Dienerschaft dort sehr einsam. Es wurde ihr in den weiten Räumen sogar unheimlich zumute. Deshalb beschloss sie, ihre Wohnung nach Stadtprozelten zu verlegen. Mit all ihren Leuten verließ sie die Burg.

In der folgenden Nacht blickten die Leute von Stadtprozelten zur Burg hoch. Diese war hell erleuchtet, in vielen Sälen brannte Licht und der grelle Schein durchdrang gespenstisch das Dunkel. Das Licht zeigte sich auch in den folgenden Nächten. Mit dem zwölften Glockenschlage tauchte es auf und verblieb eine Stunde, bis die Turmuhr eins schlug. Dann umhüllte wieder tiefes Dunkel den Berg und das Schloss. Nach einigen Wochen stiegen mehrere furchtlose Männer vor Mitternacht den Berg empor und warteten auf die zwölfte Stunde. Kaum hat die Glocke in Stadtprozelten zwölf Schläge getan, da war in der Burg wieder alles so hell wie am Tag. In den Gemächern und Sälen war aber kein Leben zu sehen oder zu hören. Niemand vermochte zu erklären, woher das geheimnisvolle Licht kam. Man wusste jetzt, dass es kein Menschenwerk war. Nun erinnert man sich des alten Großmeisters und seines Vermächtnisses, dem zufolge der Besitzer die Burg nicht verlassen und dem Verfall preisgeben dürfe. Mit dem Wegzug der Gräfin war ja der erste Schritt zum Verfall der Burg getan.

Hatte die Dame aber schon früher nicht gern in der Anlage gewohnt, so mochte sie jetzt, wo es dort solche Erscheinungen gab, erst recht nicht darin sein. Sie überließ die Burg und alle damit verbundenen Güter dem schon vorher gestifteten Hospital zu Stadtprozelten. Und sogleich hörten die Erscheinungen auf. Elisabeth von Henneberg lebte ungestört in Stadtprozelten von den Einkünften, die ihr aus anderen Besitzungen verblieben waren und die sie großenteils zu Werken der Wohltätigkeit verwendete. Sie hieß noch lange nach ihrem Tod bei den Stadtprozeltenern das gute »Schloßfräle«.

Was die Zeit nicht vermochte, schafften dann die Franzosen, die im Jahre 1688 die Burg in Brand setzten.

Die Henneburg ist eine Höhenburg am rechten Ufer des Mains über der Gemeinde Stadtprozelten. Romanische Mauerreste in den ältesten Burgteilen zeugen davon, dass es eine Vorgängerburg gegeben haben muss. 1320 übergab Elisabeth von Wertheim die Burg an den Deutschen Orden. Hundertfünfzig Jahre blieb sie in dessen Besitz, bis sie im Zuge einer Tauschhandlung an das Erzbistum Mainz kam.

Luthers Ritt nach Hohenschwangau

Als einst Martin Luther mit Christoph Langenmantel Augsburg zur Nachtzeit verlassen hatte, ritten sie acht Meilen weit in einem fort über das Lechfeld hinauf dem blauen Hochgebirge zu. Eine kurze Weile, berichtet die alte Volkssage, sollen die Leibwächter des päpstlichen Legaten die Flüchtlinge verfolgt haben. Sie waren ihnen schon ganz nahe, kehrten aber erschreckt um, als sie Luther und den Langenmantel auf glutschnaubenden und die dunkle Oktobernacht erhellenden Feuerrossen in Windeseile vor sich herbrausen sahen. Die erste Rast

soll der Langenmantel dem Luther erst auf Hohenschwangau bei den ihm wohl-
gesonnenen Freybergen und Schwangauern erlaubt haben. Er führte ihn aber
bald wieder von dort weiter auf des Freybergs Hauptschloss Hohenaschau.

⚜ ⚜ ⚜

*Sagen um Luther gibt es viele, insbesondere solche, in denen er mit dem Teufel zu tun
hatte, Doktor Faust traf oder eben auf der Flucht war. Darin spiegelt sich sicherlich die
Abneigung gegen den »Abweichler« von der römisch-katholischen Lehre. Auf der
Wartburg fand er bekanntlich Unterschlupf. Viele andere Burgen nehmen dies ebenfalls
für sich in Anspruch. Der Langenmantel aus dieser regionalen Sage stammt aus einem
Augsburger Patriziergeschlecht, das einige Bürgermeister von Augsburg gestellt hat.*

Otto I. auf Schloss Fürstenried

Es klingt wie eine Sage, wenn man erzählt bekommt, dass noch lange die
Kratzspuren an den Wänden zu sehen gewesen seien, die der wahnsinnige
bayerische König Otto I. dort hinterlassen habe. Er war der Bruder von Ludwig
II. Bereits im Alter von siebzehn Jahren wurde eine psychische Störung bei ihm
festgestellt, Auffälligkeiten soll es aber schon im Kindesalter gegeben haben.
Trotzdem trat er in den aktiven Militärdienst ein und nahm sowohl am Deutschen Krieg 1866 als auch 1870/71 am Krieg gegen Frankreich teil. Danach begann sich sein geistiger Zustand rapide zu verschlechtern. Er wurde unter ärztli-
che Aufsicht gestellt, 1872 offiziell als geisteskrank erklärt und ab 1873 im
südlichen Pavillon von Schloss Nymphenburg in Isolation gehalten. 1883 brachte
man ihn endgültig in das eigens für ihn umgebaute Schloss Fürstenried bei München, wo er bis zu seinem Tode blieb. Besuch bekam er nur von seinem Bruder
Ludwig, bevorzugt nachts, und von seiner Cousine Therese von Bayern. Man erzählt sich, dass sie ihm in Liebe verbunden war und deshalb nie heiratete.

⚜ ⚜ ⚜

*Das Schloss Fürstenried im Südwesten Münchens ließ zwischen 1715 und 1717 der
bayerische Kurfürst Max Emanuel erbauen. Es diente zunächst als Jagd- und Lust-
schloss, später als Witwensitz für die Kurfürstin Maria Anna Sophia von Sachsen.*

Die französische Armee brandschanzte es 1796, als sie München umzingelt hatte. Später war ein Oberst der französischen Armee dort einquartiert, nach ihm das Artilleriecorps unter Führung von Major von Heinrichen. Danach stand das Schloss leer, der Garten lag verödet da. Ein Nebengebäude wurde als Schulhaus benutzt, die reitende Garnison nahm dort Quartier und während des Deutsch-Französischen Krieges diente es als Lazarett. Im Jahr 1881 wurde das Schloss für den kranken Prinzen Otto von Bayern, den Bruder König Ludwigs II., gekauft und eingerichtet. Bis zu seinem Tod am 11. Oktober 1916 war er dort untergebracht.

Die Kunigundenlinde im Burghof (Kaiserburg Nürnberg)

Kaiser Heinrich ritt eines Tages zur Jagd in die Wälder, die Nürnberg umgaben. Sehnsüchtig wartete seine treue Gemahlin Kunigunde auf die Heimkehr des Gatten. Als es bereits Abend wurde und der Kaiser noch immer nicht zurückgekehrt war, da wurde die edle Frau bekümmert und schaute ein um das andere Mal sorgenvoll vom Söller der Burg in die Weite. Endlich verkündeten das Gebell der Hunde und der Hufschlag der Pferde die Ankunft des teuren Herrn. Voller Freude ging ihm die Kaiserin entgegen und fragte ihn, warum er heute viel später als sonst von der Jagd zurückgekehrt sei. Darauf entgegnete ihr Heinrich, dass er vor allem Gott danken müsse für die wunderbare Erhaltung seines Lebens. Denn als er in pfeilschnellem Ritt einem Reh nachgesetzt habe, habe sich nur wenige Schritte vor ihm ein Abgrund aufgetan, in welchen er mit seinem Rappen unaufhaltsam hinabgestürzt wäre, wenn nicht ein uralter, schwarzer, vom Blitzstrahl halb verkohlter Lindenstamm am Rande der Schlucht das Ross zurückgeschreckt hätte. Zum Andenken daran habe er sich von den wenigen grünen Zweigen der Linde einen abgeschnitten, um ihn seiner treuen Gemahlin zu verehren. Mit Dankesträen in den Augen nahm die Kaiserin das Zweiglein entgegen und pflanzte es sogleich in den frischen Boden des Burghofes, wo es schließlich zu einem herrlichen Baum emporwuchs.

❀ ❀ ❀

136

Kaiser Heinrich II. und seine Frau Kunigunde (von Luxemburg) sind in vielen Sagen präsent. Beide wurden später heiliggesprochen und insbesondere Kunigunde ist in Franken sehr populär. Es gab Reliquien von ihr, zahlreiche Kapellen und im Hof der Nürnberger Kaiserburg besagten Baum. Die Nürnberger Burg (siehe Seiten 8–9) thront über dem historischen Zentrum und gilt als Wahrzeichen der Stadt.

Die Clingenburg

Helmina von Chezy schrieb in ihrem Reisebericht: »Die sieben Stunden, die Aschaffenburg von Mildenburg trennen, wurden rasch zurückgelegt. Auch der Main hat seine Schönheiten, wenn er gleich nur ein Halbbruder des Rheins ist. Die Klingenburg spiegelt sich in seiner Flut. Die Abhänge, welche sie überthront, schmücken herrliche Reben, aus denen ein edler Wein gekeltert wird. An den Ufern des Flusses entlang herrscht verständiger und fleißiger Anbau, die Landleute sind gesittet und heiter.« Von dieser Klingenburg erzählt man sich folgende Sage:

Vor Zeiten lebte dort die schöne Jungfrau Adelheit. Sie war von frommem Sinn und reinen Sitten, ihre Seele sanft und liebreich. Ihr Antlitz schien das eines Engels zu sein. Adolf von Hochburg, ein kühner Ritter, hatte sein Herz an Adelheid verloren. Als sie sich eines Abends im Eichenhain trafen, gestanden sie sich gegenseitig ihre Liebe. Sie lagen sich in den Armen und mochten nicht mehr voneinander lassen. Doch schon bald musste Adolf dem Ruf des Kaisers folgen und mit ihm ins Morgenland ziehen. An ihrem letzten gemeinsamen Abend gab Adelheit ihrem Liebsten ein Glöckchen und sagte: »Da nimm. Wenn der Tod dir naht, so lass das Glöckchen klingen. Der Klang wird durch die Lüfte bis zu meinen Ohren dringen.« Adolf verließ sie und es vergingen Jahr und Tag, ohne dass er wiederkehrte oder sie von ihm hörte. Einmal um Mitternacht, als sie wieder nicht schlafen konnte und von der Mauer ins Tal hinuntersah, klang des Glöckchens Silberschall zu ihr herüber. Adelheit sank daraufhin tot danieder.

> Das ist der silberhelle Klang,
> Den man mit tiefem heil'gen Schauern
> Entwallen höret hehr und bang
> Der Klingenburg umgrünten Mauern,

Wenn voll der Mond am Himmel wacht,
Von goldnen Sternen hell umflimmert
Und dumpf die Stund der Mitternacht
Vom alten hohen Thurme wimmert.

⚜ ⚜ ⚜

Die Clingenburg ist eine staufische Höhenburg am rechten Ufer des Mains über der Stadt Klingenberg. Mit Glöckchenklang hat der Name nichts zu tun. Er besteht aus den althochdeutschen Wörtern klinga *(»Klinge«) und* Burch *(»Burg«). Die Anlage wurde um das Jahr 1100 von Conrads Colbo, einem Schenken von Limpurg, erbaut. Helmina von Chezy (1783–1856) war eine deutsche Dichterin und Libristin, zu ihrer Zeit sehr bekannt. Mit vielen Künstlern und Wissenschaftlern war sie befreundet. Zahlreiche ihrer Gedichte wurden vertont und eines hat es sogar bis zum Volkslied gebracht (»Ach wie ist's möglich dann«). Für ihre Zeit war sie sehr emanzipiert und unabhängig, was ihr aber nicht den besten Ruf bescherte. Carl Maria von Weber, für den sie Opernlibretti geschrieben hatte, sagte über sie:* »Sie ist eine gute, angenehme Dichterin, aber eine unausstehliche Frau«, *was sicher nicht gerecht war. Helmina von Chezy war auch sozial engagiert und nahm kein Blatt vor den Mund, was ihr eine Verleumdungsklage einbrachte, die aber vom Berliner Kammergericht abgewiesen wurde. Den Vorsitz führte damals E. T. A. Hoffmann. Das Gedicht über die Sage, die der Clingenburg zugeschrieben wurde, von dem die letzten Strophen hier aufgeführt sind, stammt von J. F. Adrian und ist im* Sagenbuch der Bayerischen Lande *in drei Bänden, München 1852–1853, herausgegeben von Alexander Schöppner, zu finden.*

Die Geister auf Marienberg (Würzburg)

Es soll früher den Brauch gegeben haben, jeden Abend auf der Veste Marienberg zum Ave Maria zu trommeln. Dies soll daher stammen, dass sich in alter Zeit um Mitternacht ein Geisterzug mit solchem Brausen und Lärmen vernehmen ließ, dass nicht nur die wachthabenden Soldaten in Schrecken gerieten, sondern auch alle Schläfer aus ihrer Ruhe aufgescheucht wurden. Man weiß nicht genau, ob es die Geister erschlagener Schweden waren oder die derjenigen, die von den Schweden erschlagen worden waren. Das Getrommel zum Ave

Maria soll sie jedoch zur Ruhe gebracht haben. Aus der Zeit des Dreißigjährigen Krieges stammt auch die Sage, dass ein Schwede einen Kapuziner während der Messfeier meuchlings ermordet haben soll. Das Blut des Kapuziners habe man von einem Stein nicht mehr fortwischen können. Ebensowenig soll es den Schweden gelungen sein, ein Marienbild, das sie für ein goldenes hielten, zu rauben. Bei dem Versuch, es vom Turm herunterzuholen, sei der frevelnde Schwede zu Tode gestürzt.

✻ ✻ ✻

Die Festung Marienberg liegt auf der linken Mainseite oberhalb von Würzburg. Im Jahr 1200 wurde mit dem Bau der Burganlage begonnen. Von 1253 bis 1719 war die Festung die Residenz der Würzburger Fürstbischöfe.

Von der Burg Botenlauben

In der Nähe von Kissingen erhebt sich die Burgruine Botenlauben auf einem Bergrücken. Hier wohnte vor Zeiten ein berühmter Graf aus dem Geschlecht der Henneberger, Herr Otto geheißen. Otto war auch ein Minnesänger und dichtete schöne Lieder, von denen noch viele erhalten sind. Früher hatte er die Burgen Lichtenberg bei Ostheim und Habesburg bei Meiningen besessen, die er aber verkaufte oder vertauschte und dafür die Burg Botenlauben erwarb. Er zog als Ritter mit einem Kreuzzug ins Heilige Land, kämpfte dort gegen die Sarazenen und erwarb sich den Ruhm eines mannhaften Streiters. Dort lernte er auch Beatrix, die Tochter eines Grafen von Courtenay, Grafen von Tiberias und Fürsten von Edessa, kennen, welche mit den Königen von Jerusalem nahe verwandt war. Herr Otto von Botenlauben konnte sie für sich gewinnen und als Ehegemahlin auf seine heimatliche Burg führen. Dort lebten sie in größter Eintracht, taten viele fromme Werke und gründeten das Nonnenkloster Frauenrode unweit von Waldaschach, wo sie auch zu Grabe getragen wurden. Über die Gründung des Klosters geht die Sage, dass Beatrix während eines Spaziergangs einen Schleier vom Winde fortwehen und an seinem Fundort ein Kloster errichten ließ.

Die Burg Botenlauben wurde im Bauernkrieg zerstört. Der Haufen von Aura griff sie an, aber ihre festen Mauern widerstanden zunächst. Der Würzburgische

Burgmann, der darinnen saß, einer des Geschlechts derer von Steinrück, vertei-
digte die Veste tapfer. Da fand sich ein schnöder Verräter, der Koch, welcher den
Bauern gegen guten Lohn versprach, zur Nachtzeit heimlich das Tor zu öffnen.
Zum Zeichen, dass dies geschehen war, wolle er auf dem Küchenbrett hacken.

So wurde die Burg verräterisch genommen, die Besatzung niedergemacht
und die Burg in Brand gesteckt. Dem Koch aber gaben die Bauern seinen Verrä-
terlohn. Sie stachen ihm die Augen aus und warfen ihn in die Flammen. Noch
geht, kündet die Sage, sein ruheloser Geist nachts um in den öden Räumen und
kann keine Erlösung finden. In stürmischen Nächten hört man deutlich das ge-
spenstische Hacken auf dem Küchenbrett.

*Der Henneberger Otto von Botenlauben machte im wahrsten Sinne des Wortes in Pa-
lästina Karriere. Er brachte es zu Ansehen und Wohlstand und gewann außerdem
noch Beatrix von Courtenay zur Frau. Er erlangte darüber auch ihre Rechte über die
Herrschaft Seigneurie de Joscelin, die er vor seiner Rückkehr nach Deutschland (1220)
an den Deutschen Orden verkaufte. Die Höhenburg Botenlauben entstand um 1180.
Über die Vernichtung der Anlage im Bauernkrieg erzählt die Sage ausführlich. Was sie
jedoch verschweigt, ist, dass die Bauern nach der Niederschlagung des Bauernauf-
stands gezwungen wurden, die Burg wieder neu zu errichten. Sie mussten auch einen
Anteil Schadensersatz bezahlen. 1553 wurde die Burg im Markgräflerkrieg schließlich
endgültig zerstört. Ab dem 17. Jahrhundert nutzte man sie dann als Steinbruch.*

Die vier Burgfräulein (Veste Coburg)

Die vier Töchter des Grafen Heinrich VIII. lebten nach dem Tode ihres Vaters
mit ihrer edlen Mutter Jutta auf der Veste Coburg. Da Jutta ihre Töchter in-
nigst liebte und nicht von ihnen getrennt werden wollte, wurden alle Freier, welche sich um die vier Jungfrauen bewarben, zurückgewiesen. Nach dem Tode der
Mutter fanden sich die Freier jedoch wieder ein und so reichte die älteste Tochter Elisabeth einem Grafen von Württemberg die Hand und die zweite Tochter
Katharina wurde die Gemahlin des Markgrafen von Meißen. Auf Befehl seines
Vaters bewarb der Burggraf Albrecht von Nürnberg sich um die Hand der jüngs-

ten Tochter Anna, die zwar reich, aber nicht schön und außerdem hinkend war. Als er jedoch bei der Werbung ihre Schwester, die reizende Sophie, erblickte, entbrannte sein Herz in heftiger Liebe zu ihr, die auch von Sophie erwidert wurde. Leider war diese bereits für das Kloster bestimmt.

Anna, die das Liebesverhältnis der beiden bald erkannte, beschloss, in edelmütiger Weise ihrer Verlobung zu entsagen und die Liebenden zu vereinen. So erschien sie am Tage der Hochzeit im einfachen, weißen Schleier und Klostergewand vor den sich heimlich Liebenden. Sich zu ihrer Schwester Sophie wendend, sprach sie: »Nimm ihn hin und sei glücklich. Nicht du, reizende Schwester, wirst in ein Kloster gehen, denn mich hat der Himmel dazu berufen.« Nachdem Anna in edelster Selbstopferung die beiden Liebenden vereinigt hatte, schenkte sie den beiden Glücklichen auch noch ihre sämtlichen Güter. Noch am selben Tag trat Anna als Nonne in das Kloster zu Sonnefeld ein, in welchem sie ihr Leben lang blieb und als Äbtissin starb. In der Kirche dieses Ortes zeigt man noch heutigen Tages den mit ihrem Bildnis gezierten Grabstein, auf welchem einer ihrer Füße kürzer als der andere dargestellt ist.

Urkundlich wird die Veste erstmals 1225 erwähnt, archäologische Untersuchungen belegen aber, dass sie älter ist. Der dreifache Befestigungsring wurde Anfang des 15. Jahrhunderts angelegt. Siehe Bildtafel V. Graf Heinrich VIII. (geboren am 10. September 1347) stammte aus der Linie der Grafen von Henneberg-Schleusingen, seine Frau war Jutta von Brandenburg.

Sagen von der Trimburg

Im Dreißigjährigen Krieg belagerten die Schweden die Trimburg im Jahr 1631 und versuchten, die Belagerten durch Aushungern zur Aufgabe zu zwingen. Der Proviant ging auch tatsächlich bald zur Neige. Da ließ der Kommandant Tobias Eberlin das letzte Schwein schlachten. Es wurde zerteilt und gebraten. Anschließend stopfte man es in die Kanonen und schoss damit auf die Schweden. Diese gaben die Belagerung der Burg auf, weil sie dachten, dass sie diese noch ewig würden belagern müssen, bis ihre Bewohner ausgehungert seien.

Eine andere Sage erzählt, dass Albrecht von Trimbergs Sohn Konrad ein sehr lebenslustiger Mensch gewesen sei. Er vergnügte sich mit Jagd und Völlerei. Einmal kam er nachts auf die Burg zurück, trank aus dem Brunnen und sah dort, wie ihn ein schönes Mädchen anlächelte. Sofort trug er sie in die Burg und erkannte erst dort ihre Schwimmhäute – es war eine Nixe. Mit einer Hostie, die Konrad sich besorgte, konnten die Schwimmhäute beseitigt werden. Der fromme Torwächter allerdings, der alles gesehen hatte, trug anderntags die Hostie in die Pfarrkirche zurück. Da blieb der Nixe nichts anderes übrig, als in den Brunnen zurückzukehren.

Die Kanonade mit Schweinebraten ist eine weitere Variante der Geschichte, in der Belagerer vertrieben wurden, in dem man ihnen vorgaukelte, dass noch genügend Verpflegung vorhanden sei. Burgen waren damals nur selten schnell zu erobern. Lange Belagerungen waren eher die Regel als die Ausnahme. Eine solche Belagerung war jedoch teuer. So manche wurde daher abgebrochen, weil sie zu lange dauerte. Von daher ist es nicht schwer zu verstehen, dass dieses »Täuschungs-Motiv« sich in die eine oder andere Sage geschlichen hat. Die Ruine der Trimburg ist eine Höhenburg der Herren von Trimberg und liegt weithin sichtbar oberhalb der fränkischen Saale auf dem Pfaffenberg im Landkreis Bad Kissingen. Sie stammt aus dem 12. Jahrhundert. Den Bau begonnen hat Gozzwin von Trimburg. Anders als die Sage es glauben macht, wurde die Burg im Dreißigjährigen Krieg zerstört. Beim Wiederaufbau gab man die Burganlage auf und errichtete ein schlossähnliches Gebäude. Die Anlage wurde schließlich im 19. Jahrhundert »auf Abbruch« verkauft, die Steine nutzte man als Baumaterial. Die Burg verkam nach und nach zur Ruine. Bayernkönig Ludwig I. gebot dem weiteren Verfall Einhalt. Interessant ist, dass mit Trimberg der mittelalterliche Spruchdichter Süßkind von Trimberg verbunden wird. Er ist in der Handschrift Codex Manesse *aus dem 14. Jahrhundert vertreten und gilt als einziger jüdischer Minnesänger. Dokumente über sein Leben sind jedoch kaum vorhanden.*

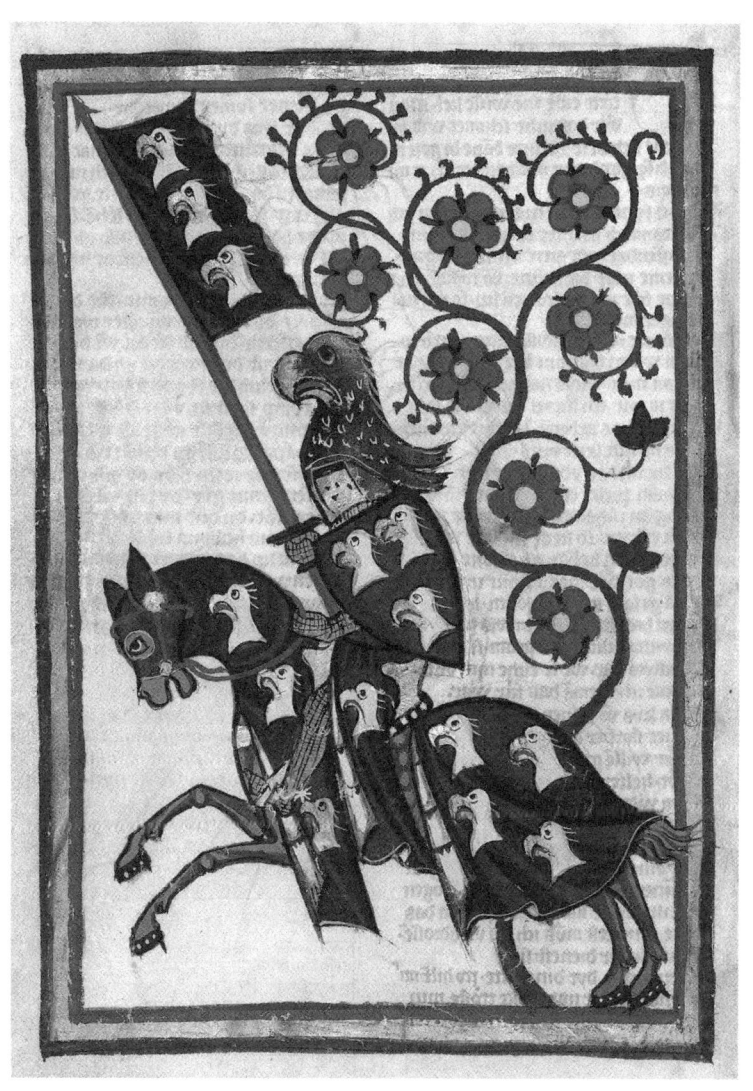

Darstellung eines Ritters im Codex Manesse.

Die Nibelungen auf Burg Prunn

Eine Sage erzählt, dass man auf dem Weg zur Burg Prunn hinauf einem Pudel begegnen kann. Allerdings nur in der Walpurgisnacht. Er soll einen goldenen Schlüssel im Maul tragen. Wenn es gelinge, den Hund so zu vertreiben, dass er den Schlüssel fallen lasse, dann könne man mit diesem eine Truhe öffnen, die voller Reichtümer sei, so heißt es. Allerdings dürfe man kein Wort dabei verlieren, sonst sei alles für die Katz.

✣✣✣ ✣✣✣ ✣✣✣

Die Sage ist nicht ohne Humor, denn es war ein Hund, der das Nibelungenlied *im 16. Jahrhundert auf der Burg Prunn entdeckte. Allerdings lief dieser Hund auf zwei Beinen und hieß Wiguleus Hund. Er war ein bayerischer Rechtsgelehrter und Historiker. Im Jahr 1567 fand er auf der Burg Prunn im Altmühltal eine Abschrift des* Nibelungenliedes, *den sogenannten* Prunner Codex, *der heute in der bayerischen Staatsbibliothek liegt. Burg Prunn steht auf einem steilen Kalkfelsen, vier Kilometer entfernt von der Stadt Riedenburg.*

Die Hunde von Weißenstein (Ruine Weißenstein)

Auf der Burg Weißenstein lebte einstmals ein reicher und stolzer Graf. Seine Frau wurde im ganzen Land wegen ihrer großen Schönheit bewundert. Sie war aber so stolz wie hartherzig und verachtete alle, die kein Schloss besaßen.

Eines Tages ging sie mit ihrer Kammerfrau im Wald bei der Burg spazieren. Da kam ein armes Weib auf sie zu, fiel vor ihr auf die Knie und bat sie mit erhobenen Händen, sie möge sich ihrer und ihrer sieben hungrigen Kinder erbarmen. »Sieben Kinder und nichts zu essen?«, schrie die Gräfin. »Hält sich ein Häusler sieben Geißen, wenn er sie nicht füttern kann?« Verärgert über diese unliebsame Störung kehrte sie ins Schloss zurück. Verzweifelt richtete sich das arme Weib auf, streckte die Hände zum Himmel und rief der Gräfin nach: »Frau Gräfin! Euere Hartherzigkeit wird der dort oben strafen! Ihr sollt nach sieben Monaten sieben Knäblein auf einmal bekommen. Vom Erstgebornen werdet ihr nichts zu befürchten haben, doch seine sechs Brüder werden nach sieben Jahren Euer Tod sein!«

Diese Worte krallten sich wie Dornen ins Herz der Gräfin. In zahllosen schlaflosen Nächten wälzte sie sich unruhig auf ihrem Lager hin und her und jammerte jene Worte des Fluches immer wieder vor sich hin. Ihre rosaroten Wangen wurden bleich; sie aß fast nichts mehr und mied jedes Vergnügen. Die Kammerfrau, die den Kummer der Herrin kannte, tröstete sie, indem sie sagte: »Glaubt doch nicht an das Geschwätz der alten Vettel! Selbst wenn es wahr würde, dass ihr sieben Kinder bekommen solltet, dann lassen wir das erste leben, die übrigen sechs werfen wir in den Fluss!« Darauf beruhigte sich die Gräfin.

Es vergingen Monat um Monat; der siebente seit jenem Vorfall kam näher und näher. Der Graf war fern auf einem Kriegszuge in Böhmen. Da gebar die Gräfin sieben Knaben. Der älteste wurde in die weiche Wiege gebettet, die anderen sechs nahm die Vertraute der Gräfin, die Kammerfrau, packte sie in einen Korb und schlich damit, sobald es dunkelte, einer Stelle des Regen zu, wo dieser einen tiefen Tümpel bildete. Plötzlich vernahm sie den Hufschlag eines Pferdes. Rasch wollte sie sich hinter dem Stamm einer alten Buche verstecken, aber der Reiter hatte sie beobachtet. Er sprang bei der Buche vom Pferd und zog die zitternde Kammerfrau aus ihrem Versteck hervor. »Was verkriechst du dich und was trägst du im Korb?«, herrschte er sie an. Ihr klapperten die Zähne vor Angst. Der Reiter war nämlich der Graf, der unvermutet aus Böhmen zurückgekehrt war. »Hunde! Junge Hunde habe ich und will sie im Regen ersäufen!«, erwiderte sie. Da entriss der Graf ihr den Korb. Mit Entsetzen sah er die sechs Knaben.

Die Kammerfrau stürzte vor ihm nieder und gestand alles unter Tränen. Voller Zorn ergriff der Graf die schlechte Ratgeberin, schleppte sie an den Regen und stieß sie in den Fluss. Daraufhin nahm er den Korb mit den Knaben unter seinen Mantel, stieg wieder auf sein Pferd und ritt mit seinen Knappen, die mittlerweile nachgekommen waren, zurück ins Böhmerland, wo er ein zweites Schloss besaß. Er übergab die kleinen Geschöpfe dem Schlossvogt mit der Weisung, sie aufziehen zu lassen. Alsdann kehrte er, als ob nichts geschehen sei, nach Weißenstein zurück, wo er seine Frau und den Erstgeborenen mit offener Herzlichkeit begrüßte. Noch am selben Tage kam auch die Kunde in die Burg, dass die Kammerfrau ertrunken im Regen liege. Darüber war die Gräfin innerlich froh, denn sie glaubte, jetzt wisse niemand mehr von dem Geheimnis, das ihr Gewissen belastete.

Der Sohn des Grafen war daheim bald der Wiege entwachsen und gedieh prächtig. Als er sieben Jahre alt wurde, veranstaltete der Graf ein Fest und lud alle Freunde und Verwandten ein. Was Küche und Keller zu bieten hatten, wurde auf die Tafel gebracht und zu Weißenstein wurde stets gut getafelt. Die Gäste begannen schon in ausgelassener Lust sich zu regen, da erhob sich der Graf und rief: »Edle Ritter! Schöne Frauen! Sagt mir, was soll mit einer Mutter geschehen, die ihre sechs gesunden Knäblein ertränken lässt wie junge Hunde?« Man sah sich ob dieses unerwarteten Zwischenfalles betroffen an. Da lispelte die Hausfrau: »Eine solche Rabenmutter verdient, lebendig eingemauert zu werden!« »Du hast dir dein Urteil selbst gesprochen!«, rief der Graf in höchster Erregung. Dann winkte er einem Diener, der zur allgemeinen Überraschung sechs blonde, blauäugige Knaben mit ihren Ammen in den Saal führte. »Siehe, diese deine Kinder sollten auf dein Geheiß hin ersäuft werden!«, sagte der Graf. Dann erzählte er den Anwesenden alles, was sich zugetragen hatte. Manche der Gäste baten feuchten Auges für die Sünderin, doch sie selbst sprach: »Mir geschehe nach meinen Worten! Ich verdiene keine Gnade!« Und so geschah es. Darauf verließ der Graf mit seinen Kindern und Dienern Burg Weißenstein, setzte sich einen Hund ins Wappen und nannte sich fortan Graf Hund zu Weißenstein.

⁂ ⁂ ⁂

Es waren die Grafen von Bogen, die die Burg um 1100 erbauten. Nach dem Aussterben dieser Dynastie übernahmen bayerische Herzogsgeschlechter Burg und Lehen. 1468 zog Albrecht IV. gegen die Burg, weil die darin lebenden Ritter von Degenberg sich gegen ihn erhoben hatten. Die Burg wurde zerstört, wiederaufgebaut und 1633 von den Schweden erneut verwüstet. 1742 machte Franz von der Trenck sie endgültig zunichte. 1918 kaufte der Schriftsteller Siegfried von Vegesack das Wirtschaftsgebäude der Burg, das alle Zeiten hindurch instand gehalten wurde. Weil dies mit hohen Kosten verbunden war, nannte er es »das fressende Haus« und betitelte so auch einen Roman. In diesem Haus starb er im Januar 1974 und wurde auf eigenen Wunsch in einem Waldstück in der Nähe mit seinen Hunden beerdigt.

Die drei Zitronen von Mespelbrunn

Im dunklen Spessart jagte einst ein Kurfürst von Mainz mit seinem Gefolge. Nach der Jagd ruhten sie in einem engen Tal unter uralten Bäumen an einem Quellbrunnen, der von Mispelbäumen umstanden war. Der Kurfürst sprach: »Hier gefällt's mir. Hier wäre ein guter Platz, um zu ruhen, zu rasten und zu essen.« Da sprach ein Weidwerkgenosse aus dem Geschlecht der Echter: »Was Ihr wollt, das könnt Ihr. Gebt mir das Revier, so baue ich ein Haus, das Euch stets offensteht«. Das war dem Kurfürsten recht. Er gab dem Ritter ein großes Jagdgebiet und der erbaute dort ein stattliches Schloss, gab ihm den Namen Mespelbrunn, abgeleitet von den Mispelbäumen und dem Brunnen, an dem sie gerastet hatten, und fügte diesen Namen seinem eigenen für alle Zeiten hinzu: Echter von Mespelbrunn. Es war ein starkes und namhaftes Geschlecht, das sich reichen Besitz erwarb und sicherte. Einer erbaute zu Hessenthal im Spessart, wo die Straße von Würzburg nach Aschaffenburg durchführt, ein Jagdschloss und eine Kapelle. Dort liegen mehrere aus dem Geschlecht der Echter begraben, und prächtige Grabsteine verewigen ihr Andenken.

Der ruhmreichste Spross dieses Geschlechts war Julius Echter von Mespelbrunn, der nicht nur Bischof zu Würzburg, sondern auch Herzog in Franken wurde. Da er als Bischof unvermählt und kinderlos war und zudem als Letzter seines Stammes im Besitz eines großen Reichtums, machte er ein Testament. Eine seiner Nichten war an einen Grafen von Ingelheim verheiratet und hatte den Bischof zum Paten ihres Sohnes erwählt. Diesem Patenkind nun dachte Julius seine Güter zu und setzte es zum Universalerben ein. Er legte das Testament in eine Schachtel, bedeckte es mit einer Decke, legte darauf drei Zitronen und sandte die versiegelte Schachtel nun durch einen eigenen Boten nach Mespelbrunn, wo seine Nichte mit ihrem Sohne wohnte. Als diese die Schachtel öffnete und nichts darin sah als drei Zitronen, wurde sie etwas ärgerlich, wusste nicht, ob das ein Scherz oder ein Schimpf von dem geistlichen Oheim sein solle, entschloss sich kurz und schickte die Schachtel samt den Zitronen dann sogleich zurück. Bischof Julius wunderte sich und entsendete mit der aufs Neue versiegelten Schachtel nochmals den Boten nach Mespelbrunn. Die Gräfin von Ingelheim wusste nicht, was sie davon halten sollte, und wurde noch ärgerlicher. Sie schnitt eine Zitrone auf, meinend, es stecke möglicherweise etwas Geheimes in den Früchten. Allein, da sie nichts fand, schickte sie die Schachtel abermals zurück. Und zum dritten Male kam der Bote von Würzburg mit seiner Schachtel und drei frischen Zitronen darin. Die Gräfin hatte fast keine Lust, sie zu öffnen, und als ihr wieder die drei Zitronen entgegenblickten, fehlte wenig, dass sie dieselben genommen und dem Boten an den Kopf geworfen hätte. Sie besann sich aber doch, schnitt sie auf, da sie aber in allen dreien nichts fand, wurde ihr Zorn grenzenlos. Sie warf die Zitronen alsbald zum Fenster hinaus, dem Boten die wieder zugeklappte Schachtel an den Kopf und drohte ihm, wenn er noch einmal vor ihre Augen komme, so wolle sie ihn zu Mespelbrunn hinauspeitschen lassen. Wie der Bote dem Bischof ansagte, was sich begeben, sprach Julius: »Ich sehe wohl, Gott hat mein Vermögen zu anderer Verwendung bestimmt«, entnahm der Schachtel das mit Papier bedeckte Testament und warf es in den Kamin. Hierauf gründete er von seinem Reichtum zu Würzburg das berühmte segensreiche Hospital, das seinen Namen trägt, durch welche Stiftung Julius Echter von Mespelbrunn seines Namens Gedächtnis groß und unsterblich gemacht hat für alle Zeiten.

Die Sage stimmt, soweit es die Gründung betrifft. Der Mainzer Erzbischof Johann II. von Nassau schenkte dem kurfürstlichen Forstmeister Hamann Echter den Talgrund Espelborn im Spessart. Der ließ dort zunächst ein Haus errichten, das bald aber schon befestigt wurde. Über mehrere Generationen hinweg entstand daraus ein kleines Renaissanceschloss. Julius Echter war der Sohn von Peter Echter und Getraud von Adelsheim. Das kleine Schloss hat die Zeiten unversehrt überstanden, nicht zuletzt auch seiner versteckten Lage wegen. Berühmt wurde es unter anderem, weil ein Teil des Films »Das Wirtshaus im Spessart« mit Liselotte Pulver 1957 dort gedreht wurde. Die Mispel (Mespilus germanica) ist ein Kernobstgewächs aus der Familie der Rosengewächse. Der Mispelbaum, vom Mittelalter bis zum 18. Jahrhundert in Mitteleuropa weit verbreitet, hat heute kaum noch Bedeutung.

Die Mainzer vor Burg Rieneck

Das mainzische Heer zog einst gen Rieneck aus, um die stolze Burg zu brechen und den kecken Ritter samt seinen Leuten gefangen zu nehmen. Rieneck war stark bedroht, denn die Feinde waren an Zahl den dortigen Rittern überlegen. Auch hatten sie genügend Vorrat an Nahrung und Waffen. Beides fehlte jedoch in der Burg, denn man hatte einen solchen Überfall nicht vorausgesehen und keine Lebensmittel für eine lange Belagerung herbeigeschafft. Eine Zeitlang verteidigten die Burgbewohner sich wacker und schlugen alle Angriffe der Mainzer mit Tapferkeit zurück. Doch was half aller Heldenmut, wenn sich der Hunger ihren Feinden zugesellte. Bald waren die Vorräte in der Burg aufgezehrt und dann würde man sich auf Gnade oder Ungnade ergeben müssen. Das dachten sich auch die Mainzer und beschlossen deshalb, die Sache ruhig abzuwarten. In dieser Bedrängnis, wo guter Rat teuer war, kam die Schlauheit eines Knechtes den Burgbewohnern zur Hilfe. Es befanden sich nämlich noch eine lebendige Kuh und ein Schinken auf der Burg. Nun machte der Knecht den Vorschlag, den Schinken an einer Stange auf die Mauer zu stecken und die Kuh eben daselbst spazieren zu lassen. So geschah es und noch dazu hängte man eine große Tafel auf mit der Inschrift:

So wenig die Kuh den Schinken frisst,
So wenig Burg Rieneck euer ist.

Mit großem Erstaunen nahmen die Mainzer die Kuh und den Schinken wahr, denn solche vortrefflichen Dinge waren nicht einmal bei ihnen im Lager vorhanden. Also zogen sie in aller Stille davon und nahmen den Spott der Rienecker mit auf den Weg.

⚙ ⚙ ⚙

Nach Esel und Schwein nun eine Kuh. Die Ausgestaltungsfreude beim mündlichen Erzählen von Geschichten war damals ungebrochen. Die Burg wurde um 1150 von Ludwig I., Graf von Loon und Rieneck, erbaut, um seine Grafschaft gegen die Interessen von Kurmainz, dem Hochstift Würzburg und dem Hochstift Fulda abzusichern. In diesem Sinne ist auch die Sage zu verstehen, in der Mainz gegen Rieneck zieht. Die »Keckheit« ist darin zu suchen, dass sich der Ritter gegenüber den Mainzern behaupten wollte.

Der böse Gecko von Lauenstein

Die Burg Lauenstein war in früheren Zeiten eine Burgwarte. Zur Verwaltung wurden jeweils Schlosshauptmänner eingesetzt. Diese missbrauchten aber sehr oft ihre Macht, plünderten und raubten nach Herzenslust. So hatte einst ein solcher Hauptmann namens Gecko bei einem seiner Streifzüge die Gemahlin des Burggrafen Otto von Dohna nebst ihrer Tochter in seine Gewalt gebracht und hielt sie in schmählicher Gefangenschaft. Doch statt ein Lösegeld zu zahlen, berannte der Burggraf die Veste. Hauptmann Gecko gab zwar gutwillig seinen Raub heraus, allein, die beiden Frauen hatten so viel gelitten, dass die Mutter beim Wiedersehen mit ihrem Gatten plötzlich verstarb. Später erhielt Gecko aber seinen Lohn für diese Missetat. Als er auf Burg Löwenstein wiederum die Schlosshauptmannsstelle bekleidete, spielte einst sein kleines Söhnchen am Rande des Schlossgrabens. Als es nach einer Blume langen wollte, fiel es hinab in den Graben. Der Gecko eilte, als er dies sah, eilig zur Hilfe. Allein, er glitt ebenfalls ab und stürzte so, dass er sich einen Pfahl in die Hüfte zwischen Wams und Brustschild durch den Leib bohrte. Daran starb er elendiglich. Der Knabe kam unversehrt wieder aus dem Graben heraus.

❧ ❧ ❧

Die Burg Lauenstein ist eine Höhenburg über der gleichnamigen Ortschaft Lauenstein. Im Norden des Landkreises Kronach liegend, gilt sie als die nördlichste Burg Bayerns.

Die Gräfin Beatrix von Orlamünde oder die weiße Frau auf der Plassenburg

Beatrix, die Gemahlin Graf Ottos von Orlamünd, eine geborene Herzogin von Meran, verlor frühzeitig ihren Mann. Sie war von großer Schönheit und wohnte zu Plassenburg mit ihren Kindern, einem Knaben und einem Mädchen, beide noch zarten Alters. Als nun der Witwe seltene Schönheit dem jungen Burggrafen Albrecht zu Nürnberg bekannt wurde, erklärte er ihr seine keusche

Erscheinung der weißen Frau. Labeauce et Mine: »La Lecture«,
Journal de Roman N° 121, 1875.

Liebe, vorgebend, wenn nicht vier Augen im Wege stünden, wolle er die Witwe heiraten. Weil nun solches den Ohren der Gräfin schmeichelte, auch ihren Lüsten gefiel, sann sie darauf, wie sie die Kinder aus dem Wege räumen könne. Damit es den Anschein habe, als seien sie plötzlich an einer heftigen Krankheit gestorben, durchstach sie den Wirbel auf dem Haupte beider Kinder mit einer Nadel und tötete sie auf diese Weise.

Etliche meinen, die Gräfin sei eine Tochter des Landgrafen Ulrich von Leuchtenberg gewesen und habe sich 1321 mit dem Grafen Otto von Orlamünde verheiratet. Auch wird sie bald Agnes, bald Kunigunde genannt.

Die Leichname der ermordeten Kinder seien in dem nahen Zisterzienser-Nonnenkloster Himmelkron beigesetzt worden. Die Gräfin selbst habe zuletzt in einem Kerker in Hof Buße getan. Andere, vornehmlich alte Leute der Gegend, meinen, sie sei als Büßerin auf bloßen Knien von Plassenburg bis nach Himmelkron gewandert.

Die Plassenburg ist eine Höhenburg über der fränkischen Stadt Kulmbach. Sie gilt als eines der größten Renaissancebauwerke Deutschlands und ist ein Wahrzeichen der Stadt. Beatrix von Orlamünde (1210–1271) war eine Prinzessin aus dem Haus Andechs-Meranie.

GLOSSAR

Dieses Glossar erklärt nur die Begriffe, die möglicherweise nicht gleich verständlich sind und die im Buch immer wieder vorkommen, in knapper Form. Ein vollständiges Glossar zum Thema »Burgen und Schlösser« ist es nicht. Wenn Sie sich ausführlich über Burgen informieren wollen, empfehle ich Ihnen das Buch *Kleine Burgenkunde* von Michael Losse, das ebenfalls im Regionalia Verlag erschienen ist.

Abgegangene Burg
Eine Burg, die heute nicht mehr besteht oder von der nur noch wenige Reste zu finden sind.

Alkoven
Nischenartiger, zum Hauptraum offener Nebenraum ohne Fenster, in dem nur ein Bett Platz fand.

Ausfallpforte
Versteckter Nebenausgang der Burg, um Überraschungsangriffe auf die Belagerer auszuführen oder im Notfall auch zu fliehen.

Bergveste
Andere Bezeichnung für eine Höhenburg.

Bergfried
Auch Burgfried, bezeichnet den Hauptturm der mittelalterlichen Burg. Er dient als Ausguck, um die umliegende Landschaft zu überblicken, wohl auch als letzter Rückzugsort bei einer Belagerung, ist aber nicht für dauerhafte Wohnnutzung vorgesehen.

Brustwehr
Oder Brüstung, eine mindestens mannshohe Mauer, die als Deckung bei der Verteidigung Zinnen oder auch Schießscharten aufweist.

Burgfrieden
So wurde im Mittelalter ein Bereich um die Burg genannt, in dem Fehden und Feindeshandlungen unter Androhung der Acht verboten waren.

Burgward
Ein Gebiet, in dessen Zentrum sich eine Burg befand. Für die umliegenden Dörfer, die meist in Erbuntertänigkeit standen, erfüllte diese Burg eine Schutzfunktion.

Droste
Das Drostenamt war im Mittelalter mit dem Amt des Truchsesses identisch. Diese Ämter waren dem Adel vorbehalten und wurden später erblich. Manche westfälischen Adelsfamilien übernahmen die Bezeichnung in den Namen (z. B. Droste zu Hülshoff).

Fehde
Vom Mittelalter bis in die frühe Neuzeit galt die Fehde als Rechtsmittel zur Regulierung von Rechtsbrüchen direkt zwischen Geschädigtem und Schädiger. Fehdefähig waren nur Freie. Die Wurzeln stammen noch aus germanischer Zeit.

Fallbrücke
Siehe »Zugbrücke«.

Felsenburg
Eine Höhenburg, bei der die natürlichen Felsformationen in die Wehranlage mit einbezogen sind.

Fliehburg
Eine burgähnliche, meist von Wällen umgebene Verteidigungsanlage, die nicht dauerhaft bewohnt war.

Gipfelburg
Eine Höhenburg, die auf einer markanten Stelle einer felsigen Bergkuppel angelegt wurde.

Gräfte
Wassergraben um eine Burg. Diese Bezeichnung ist nur in Westfalen üblich.

Hagen
Hecke.

Hangburg
Eine Burg, die am Hang eines Berges, unterhalb des Gipfels, liegt.

Höhenburg
Eine auf einer natürlichen Anhöhe errichtete Burg. Man unterscheidet zwischen Gipfelburgen (die auf dem Gipfel eines rundherum steilen Berges liegen), Spornburgen (die an drei Seiten von steil abfallendem Gelände begrenzt sind), Kammburgen (die auf einem Bergkamm erbaut sind und zwei steil abfallende Seiten haben) sowie Hangburgen (die an einem Hang des Berges errichtet sind und nur eine steil abfallende Seite aufweisen).

Kasematten
Vor Beschuss gesicherte Hohlräume in Festungen.

Kastell
Im Mittelalter bezeichnete dies eine Burg oder ein befestigtes Militärlager. Eine spezielle Form davon ist die Kastellburg, bei der die Mauern fast quadratisch angeordnet sind.

Kurmainz
Das Territorium der Kurfürsten und Erzbischöfe von Mainz.

Lehen
Von althochdeutsch *lehan* = »zu leihen«. Die Belehnung wurde auf ein Treueverhältnis zwischen dem Leihenden (Lehnsherr) und dem Beliehenen (Vasall) gegründet.

Palas
Ein repräsentativer Saalbau in einer mittelalterlichen Burg, meist mit Wohn- und Schlafräumen.

Pfalz
Unter eine Pfalz verstand man im Mittelalter einen Stützpunkt für den reisenden König oder Kaiser (Königspfalz, Kaiserpfalz). Hier führten die Herrscher ihre Amtshandlungen aus und hielten die Hoftage ab.

Ringwall
Wallanlage zur Verteidigung, die ringförmig angelegt ist. Ringwälle wurden vom Neolithikum (Jungsteinzeit) bis zum Mittelalter gebaut. Den Wall ergänzte man später durch Palisaden.

Schwibbogen
Waagerechter Bogen, der zwei Gebäude oder Teile derselben spreizt. Er ist so übermauert, dass sich oben ein gerader Abschluss ergibt.

Spornburg

Eine auf dem äußersten Sporn eines Bergrückens gelegene Höhenburg.

Schloss

Ein Schloss ist ein Gebäude, in das man sich zum Schutz oder zur Verteidigung begeben konnte. Später diente es vor allem repräsentativen Zwecken des Adels. Zunächst gingen Schlösser aus Burgen, manchmal aus Klöstern hervor. Manche mittelalterliche Burg wurde umgebaut oder erweitert.

Veste

Eine veraltete Bezeichnung für eine Burg oder Festung.

Zinne

Gemauerter Aufsatz auf der Brustwehr einer Burg. Sie diente dazu, den Verteidigern der Burg Deckung zu geben.

Zollburg

An wichtigen Fernhandelsstraßen, etwa den Alpenpässen oder dem Mittelrhein, befanden sich Zollstationen, die meist durch Burgen gesichert waren.

Zugbrücke

Brückentyp, bei dem ein Glied der Brücke als Schutz vor Angreifern mittels Zugketten hochgezogen und vor das Burgtor geklappt werden konnte, wodurch der Zugang zur Anlage versperrt wurde.

VERWENDETE QUELLEN
UND URTEXTE VON IN DIESEM BAND
VORGESTELLTEN SAGEN UND LEGENDEN

Karl Bartsch: Sagen, Märchen und Gebräuche aus Meklenburg 1–2, Band 1, Wien 1879/80

Bernhard Baader: Badisches Sagen-Buch II, Karlsruhe 1846

Ludwig Bechstein: Deutsches Sagenbuch, Leipzig 1853

Ludwig Bechstein: Die Sagen des Rhöngebirges und des Grabfelds, Würzburg 1842

Ludwig Bechstein: Thüringer Sagenbuch, Band 2, Wien und Leipzig 1858

Götz von Berlichingen: Mein Gottfriden von Berlichingen zw Hornberg vhedt vnd handlungen, 1567 (Rossacher Handschrift)

Oskar Brachwitz: Sagen aus dem Kreis Zauch-Belzig, Belzig 1937

Johann Gustav Büsching: Volks-Sagen, Märchen und Legenden, Leipzig 1812

Felix Dahn: Gesammelte Werke, Band 5: Gedichte und Balladen, Leipzig 1912

Karl Gelb: Die Sagen und Geschichten des Rheinlandes, Mannheim 1836

Friedrich Gottschalck: Die Sagen und Volksmährchen der Deutschen, Halle 1814

Johann Georg Theodor Grässe: Sagenbuch des Preußischen Staates, Band 1 und 2, Glogau 1868/71

Johann Georg Theodor Grässe: Der Sagenschatz des Königreichs Sachsen, Band 1, Dresden 1874

Jacob und Wilhelm Grimm: Deutsche Sagen, zwei Bände, Berlin, 1865

Karl Hessel: Sagen und Geschichten des Moseltals, Bonn 1896

Karl Hessel: Sagen und Geschichten des Rheintals von Mainz bis Köln, Bonn 1904

Otto Hüttemann: Blankenstein und seine Umgebung, Witten 1889

Karl Müllenhoff: Sagen, Märchen und Lieder der Herzogthümer Schleswig, Holstein und Lauenburg, Kiel 1845

Siegfried Armin Neumann: Berlin, Sagen und Geschichten, Schwerin 2004

Valentin Pfeifer: Spessart-Sagen, Aschaffenburg 1948

Heinrich Pröhle: Rheinlands schönste Sagen und Geschichten, Berlin 1886

Alfred von Reumont: Rheinlands Sagen, Geschichten und Legenden, Köln und Aachen 1837

Adolph Friedrich Riedel (Hrsg.): Codex diplomaticus Brandenburgensis, Berlin 1838

Georg Schambach und Wilhelm Müller: Niedersächsische Sagen und Märchen, Göttingen 1855

August Schnezler: Badisches Sagen-Buch II, Karlsruhe 1846

Alexander Schöppner: Sagenbuch der Bayerischen Lande 1–3, München 1852–1853

Aloys Schreiber: Sagen aus den Rheingegenden, dem Schwarzwalde und den Vogesen, Frankfurt am Main 1848

Karl Simrock: Rheinsagen, Leipzig o. J. (Erstausgabe Bonn 1837)

Adelheid v. Stolterfoth: Rheinischer Sagen-Kreis, Frankfurt am Main 1835

Josef Waibel und Hermann Flamm: Badisches Sagenbuch, Abt. 1: Sagen des Bodensees, des oberen Rheintals und der Waldstädte, Freiburg 1898

Michael Waltinger: Niederbayerische Sagen, Straubing 1927

Hermann Wettig: Die schönsten Sagen und historischen Erzählungen aus dem Herzogtum Coburg und seiner Umgebung, Coburg 1899

BILDNACHWEISE

⸙⸙ ⸙⸙

S. 65	gemeinfrei
S. 97	Daniel Bahrmann, pixabay
S. 129	Pwagenblast (https://commons.wikimedia.org/wiki/File:Burg_Hohenrechberg_im_Winter.jpg), schwarz-weiß, https://creativecommons.org/licenses/by-sa/4.0/legalcode
BT I	I, Manfred Heyde (https://commons.wikimedia.org/wiki/File:Rheinstein.jpg), „Rheinstein", https://creativecommons.org/licenses/by-sa/3.0/legalcode
BT II/III	Ralf Roletschek (https://upload.wikimedia.org/wikipedia/commons/a/ae/15-05-05-Schlo%C3%9F-Schwerin-RalfR-DSCF5143-5.jpg), http://www.gnu.org/licenses/old-licenses/fdl-1.2.html
BT IV o.	As htour (https://commons.wikimedia.org/wiki/File:Kochertal_comburg.JPG), „Kochertal comburg", https://creativecommons.org/licenses/by/3.0/legalcode
BT IV u.	Wewelsburg2010.jpg: Tbachner derivative work: Alupus (talk) (https://commons.wikimedia.org/wiki/File:Wewelsburg2010_b.jpg), „Wewelsburg2010 b", https://creativecommons.org/licenses/by/3.0/legalcode
BT V	Horst-Dieter Radke
BT VI	Holger Weinandt (https://commons.wikimedia.org/wiki/File:Marksburg.jpg), „Marksburg", https://creativecommons.org/licenses/by-sa/3.0/legalcode
BT VII	Brühl (https://commons.wikimedia.org/wiki/File:PfalzgrafensteinSüdansichtTotale.JPG), „PfalzgrafensteinSüdansichtTotale", als gemeinfrei gekennzeichnet, Details auf Wikimedia Commons: https://commons.wikimedia.org/wiki/Template:PD-self
BT VIII	Holger Weinandt (https://commons.wikimedia.org/wiki/File:Burg_Lahneck_2010.jpg), „Burg Lahneck 2010", https://creativecommons.org/licenses/by-sa/3.0/de/legalcode
BT IX	Horst-Dieter Radke
BT X/XI	lapping, pixabay
BT XII	Sven Scharr (https://commons.wikimedia.org/wiki/File:BurgHohenzollern2_(cropped).JPG), „BurgHohenzollern2 (cropped)", https://creativecommons.org/licenses/by-sa/3.0/legalcode
BT XIII	Wolfgang Pehlemann (https://commons.wikimedia.org/wiki/File:Luftbild_Kulturdenkmal_Schloss_Glücksburg_Wasserschloss_Schleswig-Holstein_-_Foto_Wolfgang_Pehlemann_Steinberg_IMG_6753.jpg), „Luftbild Kulturdenkmal Schloss Glücksburg Wasserschloss Schleswig-Holstein - Foto Wolfgang Pehlemann Steinberg IMG 6753", https://creativecommons.org/licenses/by-sa/3.0/legalcode
BT XIV	Phantom3Pix (https://commons.wikimedia.org/wiki/File:Burg_Sooneck_Bild_2.jpg), https://creativecommons.org/licenses/by-sa/4.0/legalcode
BT XV	Dr. Gregor Schmitz (https://commons.wikimedia.org/wiki/File:Burg_Altena_20080215.JPG), „Burg Altena 20080215", https://creativecommons.org/licenses/by-sa/2.0/de/legalcode
BT XVI	Arno Kohlem (https://commons.wikimedia.org/wiki/File:Reichsburg-Trifels.jpg), „Reichsburg-Trifels", https://creativecommons.org/licenses/by-sa/3.0/legalcode

Ebenfalls im Programm des Regionalia Verlages

ISBN 978-3-939722-31-1

ISBN 978-3-939722-39-7

ISBN 978-3-95540-168-9

ISBN 978-3-95540-135-1

Jeweils 128 Seiten, Hardcover, € 4,95